拾光——致以真情

闵 敏 主 编

王俊帅 刘忠翠 毋艺臻 丁贝贝 副主编

北京航空航天大学出版社

图书在版编目（CIP）数据

拾光：致以真情 / 闵敏主编. -- 北京：北京航空
航天大学出版社，2024.1
　　ISBN 978-7-5124-4313-6

　　Ⅰ.①拾…　Ⅱ.①闵…　Ⅲ.①北京航空航天大学致真
书院—概况　Ⅳ.①G649.281

中国国家版本馆CIP数据核字（2024）第023749号

拾光——致以真情
闵　敏　主　编
王俊帅　刘忠翠　毋艺臻　丁贝贝　副主编
策划编辑　董宜斌　　责任编辑　董宜斌
＊
北京航空航天大学出版社出版发行
北京市海淀区学院路 37 号（邮编 100191）　http://www.buaapress.com.cn
发行部电话：（010）82317024　传真：（010）82328026
读者信箱：copyrights@buaacm.com.cn　邮购电话：（010）82316936
北京凌奇印刷有限责任公司印装　　各地书店经销
＊
开本：710×1 000　1/16　印张：11.5　字数：177 千字
2024 年 7 月第 1 版　2024 年 7 月第 1 次印刷
ISBN 978-7-5124-4313-6　定价：79.00 元

序 言

　　星聚四海，致真为家。北航致真书院成立于 2017 年，以"致真"为名，寓意追求科学真理，探索客观世界发展规律的大学精神。在"格物致知、上下求索、怀真抱素、内外兼修"育人理念的指导下，书院逐渐形成了"家文化、好学风、正气旋"的书院文化。书院成立七年来，从 1777 创建者、1877 航行者、1977 筑梦者、2077 拓新者，到 2177 摘星者、2277 乘风者、2377 追光者，七届学子从致真出发，追光向远，筑梦远航，收获了属于自己的青春成长，绽放了属于致真的青春光芒。"虽然学籍在致真只有一年，但是热爱在致真却是永远"也成为了众多致真学子的共识。

　　值此书院发展之际，编委会特整理出版致真书院院志，回顾书院建立至今的发展历程，总结书院制建设经验，为后续书院的建设发展提供参考。本书以书院文化为线索，从"家文化""好学风""正气旋"三个维度，根据时间顺序对书院的育人体系、品牌活动等进行了系统梳理。"家文化"围绕书院家文化建设路径，介绍了新生融冰、中秋家宴、致真星夜等书院品牌活动；"好学风"根据书院学业与发展支持体系，结合书院学风建设闭环，介绍了书院在推进学风建设、开展学业支持方面的经验性工作；"正气旋"则聚焦党团支部建设，并简要回顾了书院指导的北航大学生科技志愿服务队的建设历程。

　　衷心感谢方泽华、田莉娟、王瑛迪、吴艳松、丁得彬、祝文羲、郑健、朱帅东、丁萌钰、陈牧茜、韦翰宁、解煜彬、任豪等多位师生在本书编写过程中所付出的辛勤努力。因编者水平有限，本书不可能尽善尽美，有很多地方还需进一步完善，个别地方如有错误，欢迎广大读者批评指正。

　　我们相信并期待着，本书能够成为读者了解北航致真书院、感受致真文化的窗口，也能够成为广大致真学子共同记忆的载体。无论你们身在何处、去往何方，始终有一盏名为"致真"的灯为你们点亮。

编委会

2024 年 5 月

目 录

致真书院概况 ·· 1

一、致真书院成立历程 ····························· 1

二、致真书院概况 ································· 1

（一）书院名称 ····························· 1

（二）致真书院院训 ························· 2

（三）培养目标 ····························· 2

（四）致真书院标识 ························· 3

（五）组织架构及工作机制 ··············· 3

三、致真书院团委组织框架 ······················· 4

（一）团委组织框架结构 ················· 4

（二）组织部 ····························· 5

（三）学生会 ····························· 5

（四）宣传媒体中心 ····················· 7

（五）学业发展指导中心 ················· 8

（六）社区管理中心 ····················· 9

"正气旋" ·· 10

一、党支部建设 ································· 10

二、"四爱"党建工作坊 ························· 13

三、团组织建设 ································· 15

四、团委招新 ··································· 19

（一）第一届致真书院团委 ··············· 19

（二）第二届致真书院团委 ··············· 24

（三）第三届致真书院团委 …………………………………… 27

（四）第四届致真书院团委 …………………………………… 28

（五）第五届致真书院团委 …………………………………… 28

五、北航大学生科技志愿服务队 …………………………………… 28

（一）2019 年北航大学生科技志愿服务队实践活动 ………… 29

（二）2020 年北航大学生科技志愿服务队实践活动 ………… 31

（三）2021 年北航大学生科技志愿服务队实践活动 ………… 32

（四）2022 年北航大学生科技志愿服务队实践活动 ………… 34

"家文化" ……………………………………………………………… 36

一、社区空间提供环境平台 ………………………………………… 36

二、"梦拓计划"提供组织保障 …………………………………… 38

（一）历史背景 ……………………………………………… 38

（二）发展历程 ……………………………………………… 38

（三）组织架构 ……………………………………………… 39

（四）致真书院梦拓选聘 …………………………………… 40

三、文化活动提供行动指引 ………………………………………… 42

（一）迎新活动 ……………………………………………… 42

（二）"新生融冰" …………………………………………… 60

（三）文化体验 ……………………………………………… 63

（四）中秋家宴 ……………………………………………… 65

（五）社区文化节 …………………………………………… 68

（六）歌咏比赛 ……………………………………………… 78

（七）致真星夜 ……………………………………………… 82

（八）致真榜样 ……………………………………………… 86

（九）体育活动 ……………………………………………… 94

（十）校庆嘉年华 …………………………………………… 109

（十一）军 训 ……………………………………………… 111

（十二）庆祝中华人民共和国成立 70 周年活动 …………… 117

"好学风" ·· **119**
　一、建设背景与组织架构 ··· 119
　二、工作思路与机制 ·· 119
　　（一）学业支持 ·· 120
　　（二）博雅课程 ·· 126
　　（三）科技创新 ·· 138
　　（四）导师制建设 ·· 149

附　录 ·· **167**
　一、历届学生荣誉 ··· 167
　　（一）致真榜样 ·· 167
　　（二）年度优秀学生干部及三好学生 ······················· 169
　　（三）标兵团支部及优秀团支部 ······························· 170
　二、学生合影 ··· 171

致真书院概况

一、致真书院成立历程

北京航空航天大学（简称"北航"）致真书院成立于2017年，隶属于北航学院。致真书院以"致真"为名，诠释了北航"尚德务实、求真拓新"的办学理念。书院名称寓意追求科学真理、探索客观世界发展规律的大学精神。

同年，致真书院组织框架及人员初步确立。致真书院设院长（王惠文）、大类责任教授（李尚志）、学业总导师（曹晋滨）。下设党支部委员会、执行委员会、导师联席会。第一任执行团队主要包括执行院长一名（闵敏），专职辅导员两名（贾子超、魏茜），半脱产辅导员三名（方泽华、田莉娟、王瑛迪），事务助理一名（刘忠翠），学业助理一名（丁贝贝）。

2017年10月18日，致真书院本科学生党支部成立。

致真书院核心功能涵盖书院学生管理、通识教育、导师制人才培养以及社区育人等。致真书院以"全面培养是目标，通识教育是基础，社区建设是保障"作为总体思路，以"四爱"的北航表达深入诠释社会主义核心价值观，建构由理想塑造与思想引领、人格养成与能力拓展、成长服务与事务管理构成的致真书院人才培养体系。

二、致真书院概况

（一）书院名称

书院以"致真"为名，寓意追求科学真理、领悟人生真谛、探索客观世界发展规律的大学精神；诠释了北航"尚德务实、求真拓新"的办学理念；蕴含着北航"理想高远、学识一流、胸怀寰宇、致真唯实"的领军领导人才培养目标。致真书院所培养学生对应的专业学院包括经济管理学院、数学科学学院、物理学院、化学学院、空间与环境学院。

（二）致真书院院训

致真书院以"为学致远，明理求真"为院训。"为学"取自彭端淑著《为学》，"致远"取自诸葛亮著《诫子书》。"明理求真""理"既指做人做事的道理，也指理科的专业知识。"明理求真"寓意为明白和追求自然之理、社会之理，做人之理、做事之理。

（三）培养目标

致真书院的培养目标是培养理科领域具有高度的国家使命感和社会责任感，理想高远、学识一流、胸怀寰宇、致真唯实的领军领导人才。致真书院旨在培养学生具有高尚的道德情操、扎实的数理基础、杰出的研究能力、突出的创新思维、深厚的人文素养和宽广的国际视野，实现德育与智育、通识与专业深度融合的书院育人文化；深入贯彻"强化基础、突出实践、重在素质、面向创新"的本科人才培养方针，在低年级强化通识教育，实行宽口径、大平台、导师制、社区化培养模式。

致真书院以"切实明确书院培养目标，科学设计书院培养方案，多元配备书院学生导师，全面细化书院社区建设，不断完善书院运行机制"作为建设思路，围绕有理想、有本领、有担当的"全人"培养目标，形成围绕"文化基础、社会参与、自主发展"三大方面的书院博雅课程体系。致真书院配备学业、社会、思政、朋辈四类导师，搭建党校管理、学业发展、自我管理、新闻媒体、对外交流、身心发展、文化艺术、科技创新、学生资助、社区管理十大中心，持续营造"家文化、好学风、正气旋"的书院"家风、学风、院风"，充分满足学生的"归属感、认同感、使命感、获得感"，切实落实立德树人根本任务，培养德智体美劳全面发展的社会主义建设者和接班人。

（四）致真书院标识

致真书院代号 77，书院标识将数字转化为抽象的飞机图形，体现北航特色。图案是两个方向的箭头，与上方的飘带和下方的地平线相呼应，蕴含"仰望星空，脚踏实地"的北航风格。四部分图案构成"致真"首字母"Z"的变体。整体形态为星星的形状，展现致真书院"为学致远，明理求真"的治学精神。致真书院标识整体的颜色为渐变极光色，蕴含北航的空天精神（图 1）。

图 1 致真书院标识

（五）组织架构及工作机制

在书院理事会的总体统筹下，致真书院开展学生管理、通识教育、导师制以及社区育人等方面的工作。致真书院在学生党建、思想政治教育、学风教育、心理健康教育与咨询、奖助育人、实践育人、职业生涯辅导、校园文化建设、基层学生组织建设、网络思想政治工作、学生日常管理等各方面开展工作。

在执行院长的统筹下，致真书院由一位专职辅导员担任团委书记和事务中心主任，分管学生事务中心并指导学生自我管理委员会开展工作；一位专职辅导员担任办公室主任和学业中心主任，分管书院日常行政工作、宣传信息化建设、班级建设、导师制开展和学业发展指导工作。

导师制是在学业总导师统筹下，聘任导师并且督促各导师履行义务，学业中心主任和学业助理协助学业总导师和导师队伍做好书院导师制实施和学业指导工作。

执行委员会和导师委员会通力合作，着力将通识教育体现在对学生的日常教育和服务中。致真书院组织架构如图2所示。

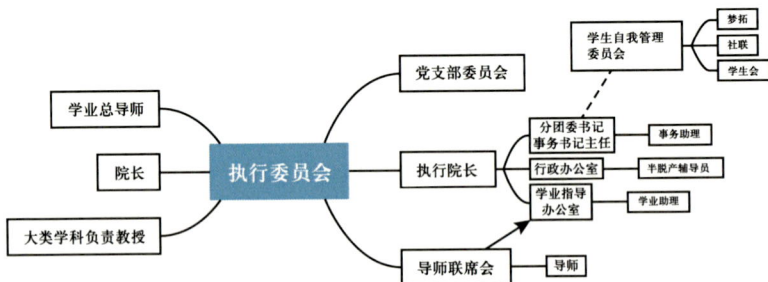

图2　致真书院组织架构图

三、致真书院团委组织框架

（一）团委组织框架结构

致真书院组织架构如图3所示。

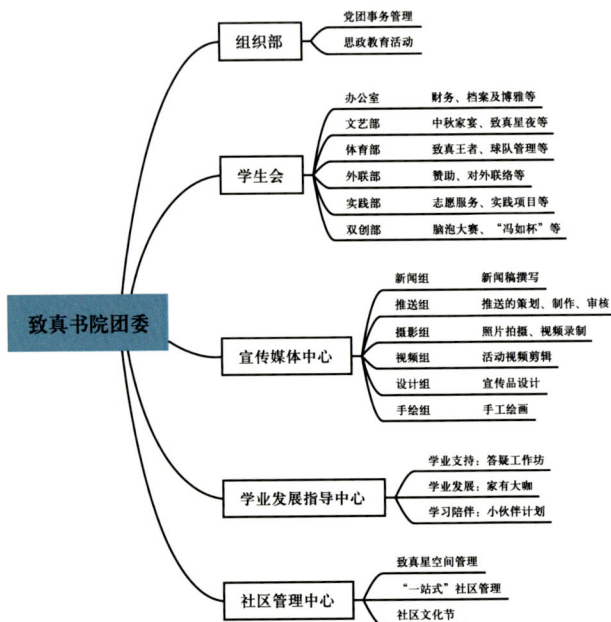

图3　致真书院团委组织框架结构图

（二）组织部

为整合致真书院团支部力量，加强致真书院思想政治教育工作，便于开展增强学生团员意识、爱国精神等主题教育活动，切实落实中国共产党中央委员会（简称"党中央"）、中国共产主义青年团中央委员会（简称"团中央"）的精神，让广大团员更好地学习党的方针与政策，方便基础团务工作的统筹及党团活动开展，依据致真书院实际情况，致真书院团委成立组织部。

致真书院组织部是由致真书院团委指导的学生组织，负责整理致真书院基础团务、开展致真书院双优工程（向党推优、团内评优）、开展致真书院红色主题教育活动、开展致真书院团支部组织建设等工作。

（三）学生会

1. 概　述

致真书院学生会是在致真书院党委领导、致真书院团委指导下的学生群众组织。

学生会全面贯彻党的十九大精神，以习近平新时代中国特色社会主义思想为指导。学生会的宗旨是遵循和贯彻党的教育方针，全心全意为同学们服务，促进同学们德智体美劳全面发展，团结和引导广大同学。

学生会主要设置以下职能部门：办公室、文艺部、体育部、外联部、实践部和双创部。

2. 办公室

办公室与各个部门协作，共同完成学生会的各项活动。办公室主要负责书院博雅课程筹备、执行，大型活动场地借用，"致真榜样"评选活动筹备、执行，学生会财务和档案管理以及组织学生会内部联谊活动等工作。

办公室主要分为三组，其中，会务组负责组织博雅课程与高端论坛、场地借用和信息导入等工作；财务组负责管理书院活动的资金与物资，统计活动，进行财务代付和报销等；档案组负责整理学生会档案文件，制作博雅课堂签到二维码，导出签到名单进行博雅课堂签到情况统计，完成活动或者会议资料的收集与整理等。

3. 文艺部

文艺部主要负责大型文娱活动的策划形成、分工安排、流程推进，以及与不同的部门对接，共同举办活动。文艺部并无特定的职能结构，在日常履行工作时主要根据不同的活动内容对文艺部部长团和文艺部干事做不同的分工安排。文艺部负责的活动主要包含"中秋家宴"、合唱比赛、校庆嘉年华、"致真星夜"等。

4. 体育部

体育部主要负责策划与举办致真书院各项体育活动的。体育部的工作主要以组织举办致真王者（如篮球赛、足球赛、羽毛球赛）、运动会、致真夜跑等活动为主。

（1）致真王者：体育部筹备组织举办致真王者相关赛事，期间分为策划组、执行组、数据组和宣传后勤组。

（2）致真夜跑：体育部组织举办夜跑相关事宜，期间分为策划组、宣传组、数据组。

5. 外联部

外联部是和校内各个书院、学院以及校外各个学校外联部对接的部门，相当于中间桥梁，并通过联系赞助商的方式为致真书院的各种活动提供部分经费。外联部主要通过完成赞助商的宣传任务筹集活动经费，并为书院其他部门提供协助，也负责联系其他学校的外联部，实现多校之间交流互动。

6. 实践部

实践部主要负责致真书院志愿活动志愿时长录入、书院物资管理、寒暑假社会实践管理工作。主要工作包括：对致真书院各项活动的立项和志愿时长进行录入工作；存放和取用各项活动所需物资，并记录归档；与校团委对接，负责寒暑假实践的立项、开展以及实践成果初步审核，同时也参与负责对一些校级、市级项目的评比。

7. 双创部

双创部的全称为创新创业部，主要负责书院学生创新创业方面的工作，与致真书院执行团队对接，为同学们提供积累创新创业经验的机会、初试科研的动力，为同学们搭建展现自我的舞台，为同学们的创新创业思维提供帮助。双创部主要工作为组织致真书院"脑泡大赛"以及为同学们在校级比赛"冯如杯"中提供经验分享、资料发放、格式预审等帮助。

（四）宣传媒体中心

1. 发展历程

致真书院建院后创设新闻中心及信息部，主要负责致真书院线上宣传、宣传品设计工作。

宣传媒体中心成立于 2022 年，由新闻中心及信息部合并而成。

在最初的工作中，新闻中心主要负责运营"北航致真书院"公众号，通过推送、视频等的线上宣传形式向致真书院学子传播信息、宣传思想，向人们展示致真书院。在历年的工作中，新闻中心始终坚持求真务实、开拓创新、精益求精、严谨细致的原则，积极与其他各部门协作，努力创作出优质的作品。

信息部主要负责制作致真书院及部分校级活动的宣传品，从传统的海报、易拉宝，到电子媒体的视频、动画，为同学们呈现了无数作品。在信息部，同学们让想象力不再止步于脑海中，而是让它们落地生花，真实地展现出来。

宣传媒体中心的创立，则是将宣传工作进行整合，减少不同宣传组别间沟通中存在的障碍，有利于宣传工作顺利开展。

2. 分组介绍

宣传媒体中心不仅是致真书院学子获取信息的重要来源，还是致真书院对外宣传、展示书院形象的重要窗口。宣传媒体中心的各项工作，无论是面向学生的日常活动通知与宣传和部门间大项活动的宣传策划与跟进，还是面向内部的实用技巧培训，都遵循"术业有专攻""精益求精"的原则。

宣传媒体中心为顺利开展各项宣传工作并提供更优质的宣传制品，下设六组，分管不同业务内容。

（1）手绘组主要负责创作致真书院各项活动宣传中的手绘部分，通过绘画生动形象的画面来向人们讲述不同的故事。

（2）设计组主要负责制作致真书院各项活动及校内部分活动的宣传品，如设计海报、易拉宝等。

（3）视频组主要负责致真书院部分活动的视频制作工作，如学院比赛、晚会等活动的视频剪辑。

（4）推送组主要负责"北航致真书院"公众号的内容运营，包括策划、制作和审核活动的通知与宣传推送和原创的系列推送，与宣传媒体中心各部门、致真书院团委各部门通力合作，共同创造更多优质内容。

（5）摄影组主要负责将致真书院活动以图片或视频等方式记录下来，不仅为活动的相关宣传工作提供照片、视频素材，也为活动提供线上同步观看的途径，更是为致真书院的同学们参与各项活动留下美好回忆。

（6）新闻组主要负责撰写致真书院活动的新闻稿。

此外，宣传媒体中心设有内容总监职务，负责与其他部门进行对接，便于尽快落实工作负责人，协助初期任务的人员组织，确保工作顺利开展，以及负责对各项活动记录进行存档归类。

（五）学业发展指导中心

1. 学业发展指导中心简介

为帮助大一新生快速适应大学学习生活，致真书院成立学业发展指导中心。学业发展指导中心以"学业促进、能力提升、认知引导和发展支持"作为核心工作思路，依托思政、朋辈、学业、社会四类导师，开展"学业加油站""致真研修班""致真领航者"和"致真梦工厂"四项计划，建立了学业发展指导体系。

2. 职能介绍

学业发展指导中心下设六个工作组，分别围绕学生学业与发展的六个核心模块（导师制、学业预警、博雅课程、课堂督导、学业辅导、学业研究）开展工作。学业发展指导中心设立日常答疑组、作业周报组、家有大咖工作组等组别，定期邀请优秀学长学姐与新生进行学习经验分享。在学业发展指导中心，学生可以接触到优秀热情的答疑团、获得解析详尽的复习资料，更有着家人一样温暖的学长学姐陪伴左右。

3. 工作内容

学业发展指导中心致力于服务每一位致真学院学子，为学生的学业发展保驾护航，中心建设的关键词是"学业"与"发展"。而"答疑工作坊"与"家有大咖"正是二者的核心。

其中，"答疑工作坊"将邀请各学科的优秀学长学姐梳理学科知识、传授学习方法、整理复习资料、对每周作业的题型作总结，并且每周固定举行答疑。"家有大咖"活动则邀请优秀学长学姐为大家分享学习生活经验，解答学生在专业选择、发展道路方面的困惑。

（六）社区管理中心

1. 社区管理中心简介

社区管理中心负责致真书院社区空间"致真星空间"的开放、运营和维护工作，同时不定期举办社区文化活动，致力于使同学们建立起和谐互助的关系、感受到社区生活的温暖与便利。

2. 日常工作

社区管理中心的日常任务是负责致真星空间的装饰维护、运营管理以及安全巡查等工作。

社区管理中心分为信息组和巡查组两个工作组。信息组负责统计每天的致真星空间预订信息并向部内通报；巡查组负责与预约者对接发放密码，为学生提供更好的生活学习体验，社区管理中心统筹安排、合理规划，协调社区空间的出借服务与维护管理。

3. 特色活动

为倡导文明健康、绿色环保的生活方式，加强宿舍文明建设，提升宿舍安全观念，社区管理中心开展"宿舍文化月"活动，鼓励学生积极进行宿舍卫生大扫除，清理垃圾、扫除灰尘、整理生活用品，保持生活学习环境的整洁。

社区管理中心在每年的春季学期举办"致真为家"社区文化节活动。趣味运动会是社区文化节的重要环节，学生以宿舍为单位组队参加，运动会通过趣味游戏的形式拉近同学之间的距离，营造轻松愉快的生活氛围。

"正气旋"

致真书院高屋建瓴，秉持战略思维，从入学教育起，即注重培养学生"爱祖国、爱北航、爱航空、爱航天"思想，引导学生关注北航官微、扩散北航喜讯、学习北航榜样、宣讲北航优势，让广大同学认同北航、乐在北航、奉献北航。致真书院上下团结一致，营造"一起进击"的上进氛围，打造"以生为本"的团队工作精神，建造"创建者"的"归属感、认同感、使命感、获得感"。致真书院聚焦面向乡村中小学生的科创教育，组织创建"北航大学生科技志愿服务队"，深入山西中阳县阳坡塔学校进行科普课堂和社会调研活动，形成德智体美劳全方位的"正气旋"。

一、党支部建设

致真书院本科学生党支部是由书院执行团队成员及书院学生中的中国共产党党员及预备党员组成。2017年10月18日，致真书院本科学生党支部成立。致真书院以党建为抓手开展思想政治教育工作，加强建设干部队伍，提升思想高度，在培养高素质复合型人才方面，采用"服务型学习"模式，传承红色基因，着力通过党建引领书院各项工作，推动书院发展。

2017年，致真学院本科学生党支部对"B+T+X"体系和"一规一表一册一网"工作载体落细落小落实，做好规范化建设。党支部认真做到党的建设工作和团的建设一体化、党支部活动与党校活动一体化、党支部工作与书院中心工作一体化。党支部将创新做法形成典型经验：喊出"1777助力1361"口号，开展"开学日志愿入党倡议活动""成年日志愿入党倡议活动"，落实党校学分制、博雅制。

2018年，致真学院本科学生党支部从基层党建工作做起，利用党员 E 先锋系统实现发展党员全程纪实，入党申请人全部入库，不断加强入党队伍的管理与建设，做到党建工作留痕化规范化。党支部对"B+T+X"体系和"一规一表一册一网"工作载体落细落小落实，做好规范化建设。党支部认真做到四个"一体化建设"，即党的建设工作和团的建设一体化、党支部活动与党校活动一体化、党支部工作与书院中心工作一体化、党课和"形势与政策"课一体化。党支部将创新做法形成典型经验：喊出"1877 助力 1361"口号，开展"开学日志愿入党倡议活动""成年日志愿入党倡议活动"，落实党校学分制、博雅制。

2019年，致真学院本科学生党支部从基层党建工作做起，对入党申请人和积极分子进行完善的备案记录，不断加强入党队伍管理与建设。党支部认真做好党支部会议记录，完善党支部手册，做到党建工作留痕化规范化。党支部对"B+T+X"体系和"一规一表一册一网"工作载体落细落实，做好规范化建设。党支部认真做到四个"一体化建设"，即党的建设工作和团的建设一体化、党支部活动与党校活动一体化、党支部工作与书院中心工作一体化、党课和"形势与政策"课一体化。党支部积极开展学习日活动，学习中华人民共和国全国人民代表大会和中国人民政治协商会议（简称"全国两会"）精神、党的十九届四中全会精神，把握时代主题。认真贯彻习近平总书记"五四"讲话精神，开展"不忘初心、牢记使命"主题教育活动，在致真书院内部形成学习热潮。党支部每月召开一次支委会，对当月的党建活动进行组织规划，定期开展组织生活会，对工作中出现的问题进行讨论与反思。党支部提升支部成员的思想高度与工作能力，真正做到党建引领。

2020年，致真学院本科学生党支部认真贯彻落实党委工作部署，进一步加强党的思想、组织和作风建设，充分发挥党支部战斗堡垒作用。党支部认真落实"三会一课"、党员主题学习日和党费收缴等制度，进一步完善和规范党支部各项工作与活动。致真书院本科学生党支部支委每月召开一次支委会，第一时间学习相关重要精神，讨论当月应当开展的党建活动，根据致真书院实际情况和学生特色深入开展学习宣传贯彻党的十九大精神工作、党校建设工作、学生入党动员工作和思想政治教育工作。党支部以"学习日"活动为契机，持续开展学习宣传贯彻习近平新时代中国特色社会主义思想和党的十九大精神，采取集中学习和自学相结合的方式，组织学习党章和党的十九大精神，党支部举办以"从党的十一届三中全会到党的十九大看中国特色社会主义理论的开创与发展、中国之治——推进国家治理体系和治理能力现代化"为主题的党课等。

2021年，致真学院本科学生党支部进一步提升学习质量和组织水平。党支部落实"三会一课"制度，完善党支部手册，做到党建工作留痕化规范化。党支部每月召开一次支委会，对当月的党建活动进行组织规划；定期开展组织生活会，对工作中出现的问题进行讨论与反思。党支部不断提升支部成员的思想高度与工作能力，真正做到党建引领。党支部积极开展学习日活动，研究学习党和国家最新形势政策，讨论学习北航最新会议精神。党支部完善入党积极分子培养过程、培养质量的全程监控体系。党支部实施"星火计划"，向专业学院招聘入党积极分子培养联系人，做好学生入党的培养发展工作。党支部引导学生增强"四个意识"、坚定"四个自信"、做到"两个维护"，为高质量发展提供坚强保证。党支部结合北航相关规定要求，制订致真书院党史学习教育计划，并有效开展相关活动。党支部举办"党史与家乡"主题征文展示活动、"红色诗词"传诵大赛、"每日学党史"系列推送、"学党史，爱劳动"第三届致真书院社区文化节、"党史微课"学生党课展示等活动，通过创新形式、丰富内容，将党史活动与体育活动、文艺活动融合，努力做到"活动参与全覆盖，学生满意百分百"，提升党史学习教育实效。

二、"四爱"党建工作坊

致真书院"四爱"党建工作坊是致真书院进行党建工作和思想政治教育工作的重要组成部分。在北航学院党委领导下，"四爱"党建工作坊坚持以习近平新时代中国特色社会主义思想为指引，面向致真书院及理科大类对应的部分专业学院入党积极分子讲授党的基础知识、基本理论、基本路线，对其进行理论教育、党性教育和素质培养。

"四爱"党建工作坊是在高等教育大众化的背景下，为适应北航党建工作快速发展的需求而成立的。院级党校作为北航校级学生党校的重要延伸和补充，一方面拓展学生接受思想政治教育培训的途径，提升学生多层次宽领域的素质和能力，确保入党积极分子的教育质量；另一方面有效缓解校级党校的教学压力，使党校的教学培训工作更具层次性，为学生在思想层面的进步和发展打下坚实的基础。

"四爱"党建工作坊的主要工作内容包含：系统地讲解党的基本理论，党的基本历史，党的基本路线、基本方针和基本政策，引领学生体会这些方面的精神实质，促进学生树立正确的世界观、价值观、人生观，激发学生的入党热情；使学生端正入党动机，提高自身理论水平和判断是非、分析问题、解决问题的能力，全面提升自身党性修养和综合素质；对入党积极分子进行初步培训与考核后，为北航校级学生党校输送优秀人才。

致真书院"四爱"党建工作坊每学期开办一期，每期学员约80—100人，实施开放式党校课程，将课程分为课堂教学、社会实践、党史主题微课、结业展示四个环节。截至2022年7月，"四爱"党建工作坊共举办7期，累计培养入党积极分子1 100余人（表1）。

表1 "四爱"党建工作坊课堂教学情况

第三期"四爱"党建工作坊课程表		
时 间	主讲老师	主 题
2019年10月4日	彭付芝	一首你也会唱的歌
2019年10月12日	刘娜娜	人民的选择与历史的必然——中国特色社会主义
2019年10月20日	舒 健	勿忘历史，砥砺前行
2019年10月23日	王聪聪	不忘初心，砥砺前行
2019年10月30日	董 成	把握大国首都的时代方位

续表

第四期"四爱"党建工作坊课程程表		
时　间	主讲老师	主　题
2020 年 10 月 10 日	刘志新	从党的十一届三中全会到党的十九大看中国特色社会主义理论的开创与发展
2020 年 10 月 17 日	刘娜娜	以贸易纠纷看国际格局
2020 年 10 月 25 日	孟庆国	中国之治——推进国家治理体系和治理能力现代化
2020 年 11 月 1 日	宋宇齐	教育的命题
2020 年 11 月 8 日	高　宁	谈谈"政党"
第五期"四爱"党建工作坊课程表		
时　间	主讲老师	主　题
2021 年 3 月 28 日	刘志新	中国特色社会主义理论的开创、发展与发展的新时代
2021 年 4 月 11 日	孙润南	历史是最好的教科书
2021 年 4 月 18 日	刘　佳	《习近平谈治国理政》第三卷的学习方法
2021 年 4 月 25 日	刘娜娜	学习两个"历史决议",树立正确党史观
2021 年 5 月 9 日	周自强	钱学森留学报国的灿烂人生和丰功伟绩
第六期"四爱"党建工作坊课程表		
时　间	主讲老师	主　题
2021 年 10 月 10 日	王聪聪	解读中国共产党的初心与使命
2021 年 10 月 17 日	付丽莎	中国青年的志气、骨气、底气从何而来
2021 年 10 月 23 日	彭付芝	掌握学习党史科学方法,反对历史虚无主义
2021 年 11 月 7 日	王春玺	习近平总书记"七一"重要讲话精神解读
2021 年 12 月 5 日	张维为	这就是中国——问苍茫大地 谁主沉浮 这就是中国——人间正道是沧桑
第七期"四爱"党建工作坊课程表		
时　间	主讲老师	主　题
2022 年 4 月 10 日	刘浩然	从圆梦大飞机看"政治三力"
2022 年 4 月 17 日	张　超	学习习近平总书记在全国两会期间重要讲话精神
2022 年 5 月 8 日	张树焕	中国共产党的初心与使命
2022 年 5 月 21 日	付丽莎	中国青年的志气、骨气、底气从何而来

三、团组织建设

致真书院团委在北航校团委、北航学院党委领导的指导下，推动团建与党建一体化、团建与班建一体化，带动书院各级基层团组织学习贯彻党中央重要精神，组织各团支部开展主题团日活动，做好团员教育。致真书院团委注重顶层设计和组织建设，主要依托团组织的建设，推进完成线上线下自上而下的党、政、团、学组织建设，组织建设对书院师、生、导人员多层次全覆盖，书院主体组织框架形成"一套人马、三块牌子、一个合力"的科学化组织布局。

2017年，致真书院团委带动书院基层团组织认真学习宣传贯彻落实党的十九大精神。书院团委组织书院16个团支部于10月18日集中观看党的十九大开幕式，学习十九大报告的内容，深刻体会十九大报告中提出的三个"必须"、四个"伟大"、五个"更加自觉"的基本要求。10月25日上午，书院团委组织团支部书记和团干部集中收看新一届中国共产党中央委员会政治局常务委员会委员与中外记者见面会，认真收听和观看了习近平总书记发表的重要讲话，并开展组织生活会，集体研究党的十九大精神。12月20日至25日，3个团总支16个团支部陆续开展主题为"践行新思想 拥抱新时代"组织生活会，各团支部集中学习党的十九大报告、习近平总书记谈群团工作系列讲话等内容，由各团支部书记组织团员对党的十九大精神进行解读与讨论，加深了大家对党的十九大的认识和了解，取得了良好的学习效果。此外，书院团委组织骨干重点学习，带头学习党的十九大精神。团干部于11月12日上午参加北航团校的"谈学习十九大精神的一点体会"主题团课，聆听、学习高宁副教授对党的十九大的看法，并在团课结束后，将团课主旨和中心思想传达给各书院团支部成员，使大家对党的十九大精神有了更加深刻的理解。书院团委以高站位策划文体活动，通过体育活动响应团中央"三走"号召，通过文化艺术活动提升学生文艺素养，通过文体活动开展隐性思政教育。致真书院承办2017年北航校运会，300余名同学参与到此次运动会的筹备和参赛中，书院获团体总分第一名、女子总分第一名、广播操一等奖、道德风尚奖，获得13项个人冠军。党的十九大召开之际，书院以"不忘初心，砥砺奋进"为主题，开展"砥砺杯"新生篮球赛，覆盖16个基层班级全部参赛。书院鼓励学生参加"一二·九"微马比赛，组织未参赛同学观赛，开展爱国主义教育。书院团委开展"新生融冰""中秋家宴"等主题活动，渗透家文化，让归属感落地。书院团委积极策划、组织、支持团员参加歌曲演唱比赛、配音比赛，帮助团员获奖、获优，推动团员"从成功走向成功"，有力营造书院团结向上的正能量、正气旋。

　　2018年，致真书院团委带动基层团组织认真学习宣传贯彻习近平新时代中国特色社会主义思想。书院团委组织书院17个团支部学习相关重要思想。书院团委开展组织生活会，3个团总支17个团支部陆续开展主题为"不忘跟党初心，牢记青春使命"组织生活会，各团支部集中学习党的十九大报告、习近平总书记谈群团工作系列讲话等内容，由各团支部书记组织团员对党的十九大精神进行解读与讨论，加深了大家对习近平新时代中国特色社会主义思想的认识和了解，取得了良好的学习效果。书院团委加强骨干重点学习，团委书记为各基层团总支、团支部书记讲主题团课。团课结束后，各团支部进一步组织"学习全国教育大会精神"主题团日活动、致真2018级"青年大学习"、辛亥革命纪念日导读活动、"真学真懂真信真用——新青年，总书记有话对你说"以及"五四特辑——新时代北航青年的奋斗故事"等团日团课活动，将相关主旨和中心思想传达给各个团支部每位团员。致真书院承办2018年北航校运会，300余名同学参与到此次运动会的筹备和参赛中，书院获团体总分第二名、女子总分第一名、男子总分第二名、广播操一等奖、道德风尚奖。书院以"不忘初心，砥砺奋进"为主题，继续开展"砥砺杯"新生篮球赛，覆盖17个基层班级全部参赛。书院鼓励学生参加"一二·九"微马比赛，组织未参赛同学观赛，开展爱国主义教育。书院团委继续开展"新生融冰""中秋家宴"等主题活动，渗透家文化，让归属感落地。

　　2019年，致真书院团委带动基层团组织认真学习宣传贯彻习近平新时代中国特色社会主义思想、党的十九届四中全会精神。书院团委通过学习日活动，组织书院 16 个团支部学习相关重要思想，带动书院各级基层团组织认真学习贯彻落实全国"两会"精神、习近平总书记"五四"讲话精神、党的十九届四中全会精神，把握时代主题。书院团委开展组织生活会，各团支部陆续开展主题为"不忘跟党初心，牢记青春使命"组织生活会，并完成团员民主评议。各团支部集中学习党的十九届四中全会精神，由各团支部书记组织团员对重点内容进行解读与讨论，取得了良好的学习效果。书院团委加强骨干重点学习。书院团委积极策划、组织全员参加庆祝中华人民共和国成立 70 周年歌咏比赛，加强对全体学生的爱国主义情怀教育。书院团委举办"致真星夜"大型晚会，年度参与人数超 1 000 人，覆盖 1 个书院 3 个年级 5 个学院，晚会传达的致真情怀在同学之中引起高度共鸣。书院团委举办"致真王者"新生球类运动赛，16 个团支部全部参加，逐渐形成全民参与、全民运动、全民向上的文体氛围。书院团委积极鼓励学生参加"一二·九"微马比赛，组织未参赛同学观赛，开展爱国主义教育。书院团委继续开展"新生融冰""中秋家宴"等主题活动，渗透家文化，让归属感落地。书院团委帮助团员获奖、获优，1 个团支部获北京市先锋杯优秀团支部，1 位团员获北京市优秀团员。

2020 年，致真书院团委带动基层团组织认真学习贯彻习近平新时代中国特色社会主义思想、党的十九届五中全会精神。书院团委通过学习日活动，组织书院各团支部学习相关重要思想，带动书院各级基层团组织认真学习贯彻落实习近平总书记在全国抗击新冠肺炎疫情表彰大会上的重要讲话精神、抗疫先进人物事迹精神、党的十九届五中全会精神，把握时代主题。在学习党的十九届五中全会精神专项工作中，书院团委通过开展"不忘初心担使命，时代青年展风采"主题演讲比赛，"国家发展与管理科学前沿"专题讲座、知识竞赛，"聚焦全会，感想领悟齐分享"主题活动等，进一步厚植学生爱国主义情怀。为深入贯彻习近平总书记对新冠肺炎疫情做出的重要指示精神，落实学校新冠肺炎疫情防控工作相关部署，响应校团委关于开展"凝聚青春正能量，众志成城抗疫情"的号召，致真书院团委在春季学期组织学生开展了系列活动。一方面，书院团委以深入贯彻"习近平总书记在统筹推进新冠肺炎疫情防控和经济社会发展工作部署会议上的讲话"为重点，由各团支书深入讲解、同学们深入学习，并进行热议；增强了青年团员的爱国意识和责任意识，充分展现全体青年团员齐心战"疫"的精神风貌。另一方面，为表达对抗疫一线工作人员的敬意、祝福和支持，同时也为充分调动学生的积极性、主动性和创造性，书院团委面向全体师生发出《不放弃》手势舞的合拍邀请，并生成最终合拍视频。书院团委通过"青春战疫，线上团日共研习；青春战疫，点亮生命不放弃；青春战疫，书画传情携手行；青春战疫，坚信有爱就会赢"系列"凝聚青春正能量，众志成城抗疫情"活动，展现致真学子良好的精神风貌。书院团委积极策划、组织全员参加"仰望星空，扬帆远航"合唱比赛，加强对全体学生的爱国主义情怀教育。书院团委举办"致真王者"新生球类运动赛，13个新生团支部全部参加，逐渐形成全民参与、全民运动、全民向上的文体氛围。书院团委继续开展"新生融冰""中秋家宴"等主题活动，渗透家文化，让归属感落地。另外，书院团委在春季学期组织"运动101""家务之子""致真有厨"等线上活动，丰富学生居家期间的生活，促进学生身心健康发展，强化美育劳育教育。

2021年，致真书院团委组织书院各团支部学习相关重要思想，带动书院各级基层团组织认真学习贯彻落实习近平总书记关于学习"四史"的重要讲话和指示精神，感悟党领导人民建设祖国的伟大成就，举行"党史与家乡"主题故事会活动，书院内学生踊跃参加，聆听党的故事，赓续精神血脉，汲取奋进力量，将深厚的红色底蕴转化为强大的精神力量。书院团委加强新生理想信念教育，组织开展"请党放心，强国有我"、习近平总书记"七一讲话"精神、中国共产党人"精神谱系"、党的十九届六中全会精神、"牢记青春使命，感受冬奥风采"等主题团日活动，切实提高学生的理论素养，进一步厚植爱国主义情怀。书院团委以高站位策划文体活动，通过举办"新生融冰""中秋家宴""新生歌咏比赛""中秋家宴""宿舍文化节"等精品活动开展隐性思政教育。书院团委通过新冠肺炎疫情防控打卡系统和大小班生活委员对学生在校生活进行充分掌握，覆盖课堂、宿舍、自习活动等多个方面。指导学校体育类二星社团——致真早起社，书院团委联合社团共同举办"早起吃饭""星光夜跑"活动，参与人次超过3 100

人次。书院团委举办"致真王者"新生球类运动赛，2021级14个新生班级全部参加；书院足球致真一队与二队在"新生杯"中分别取得亚军和八强的成绩；排球项目中，书院学生积极参加排球俱乐部并组织训练，成绩喜人；乒乓球项目中，一人夺得"新生杯"沙河男子组冠军并进入校队训练。

四、团委招新

（一）第一届致真书院团委

致真书院团委、学生组织以书院学生会为主要依托，以书院建设和学生发展为导向，同时兼顾书院中心工作辅助职能和书院团委职能，汇集理科学院、书院优秀学生干部，分部门、分中心设置指导老师，加强工作指导，形成"一套学生干部、三块牌子、多项职能、矩阵管理，形成合力"良好团、学工作局面，第一届致真书院学生会应运而生（表2）。

表2　致真书院最初学生会架构

致真书院学生团委、学生组织架构（一套学生干部、三块牌子、多项职能、一个合力）				
学生会总指导：方泽华	团委书记：贾子超；副书记：魏茜 常委：王瑛迪、田莉娟、方泽华		专职辅导员：贾子超、魏茜 半脱产辅导员：方泽华、王瑛迪、田莉娟 事务助理、学业助理：刘忠翠、丁贝贝	
学生会	书院团委（学生会各部门同时是致真书院团委下设部门，对接、涵盖校团委、沙河团工委各部门职能，向下组织书院各级团组织及全体团员）	专项指导老师	致真书院学生组织（学生会各部门同时是书院学生组织，对接、涵盖校党委学生工作部、校学生处、北航学院学生部、北航学院等校院部门职能参与书院建设，向下组织书院各级班组织及全体学生）	专项指导老师

续表

致真书院学生团委、学生组织架构（一套学生干部、三块牌子、多项职能、一个合力）				
办公室	办公室	王瑛迪	自我管理中心	王瑛迪
组织部	组织部/团校管理中心	田莉娟	党校管理中心/党建工作坊	田莉娟
新闻中心	宣传部	王瑛迪	新闻媒体中心	丁贝贝
传媒部				
学习部	朋辈权益部	田莉娟	学业发展中心	丁贝贝
外联部	公共关系部	方泽华	对外交流中心	方泽华
体育部	活动部	方泽华	身心发展中心/积极心理工作坊	方泽华
文艺部	文艺部	方泽华	文化艺术中心	方泽华
创新创业部	科技创新部	田莉娟	科技创新中心/创业工作坊	田莉娟
实践部	社会工作部	王瑛迪	学生资助中心	刘忠翠
社团部	社团联合会	王瑛迪	社区管理中心	刘忠翠

2017年10月9日晚，"双节"归来、工作伊始，致真书院第一届学生会招新宣讲会在北航沙河校区S4-205报告厅准时召开。本次会议邀请到北京航空航天大学团委副书记、北航学院团委书记肖杰，致真书院参会的领导老师有执行院长闵敏、专职辅导员贾子超、专职辅导员魏茜、2017级辅导员方泽华、学业助理丁贝贝、事务助理刘忠翠，学生会主席团与各部门部长团成员参与本次宣讲会。宣讲会由学生会副主席罗雨主持。

会议的第一项是聘书颁发仪式（图4）。致真书院第一届学生会主席团和部长团全体成员上台，肖杰书记、贾子超辅导员、魏茜辅导员、方泽华辅导员、丁贝贝老师和刘忠翠老师郑重地为他们颁发聘书并合影留念。

图4　致真书院第一任学生会聘任仪式

本次聘书颁发仪式作为致真书院为学生组织干部特别设计的环节，规格高、意义大，旨在强调书院对学生组织工作的重视，通过增强仪式感来突出书院对学生骨干们的期望，使学生骨干们能借此牢记使命、不负期望。

闵敏院长随后进行了发言，他通过生动的方式，系统地介绍了三个加入学生会的益处：第一是有集体归属感，加入学生会就是加入一个团体，能获得更多与身边同学交流的机会；第二是加入学生会能够锻炼学习、沟通和工作能力，比如能够提高管理运营的能力，而这些提高能力的机会都是不可多得的；第三是学生会能够提供一个广大的平台。闵敏院长同时表示希望大家能够将致真书院学生会打造成一个属于自己的品牌（图5）。

图5　致真书院执行院长闵敏讲话

紧接着，学生会主席郭雅雯分享了自己加入致真书院学生会的感受。首先是书院学生会所提供的资源与平台是其他学生工作无法提供的，加入学生会使自己得到了能力的提升；其次是有一种强烈的归属感，加入并成为学生工作组织的一员所感受到的凝聚力和归属感激励着自己更努力地工作。

随后各部门进行宣讲，来自外联部、文艺部、体育部、新闻中心、信息部、办公室、社区部、社团部、双创部、实践部、组织部、学习部的代部长、代副部长简短地介绍了各自部门的特点和工作概况。

经过一轮的充分宣讲，2017级的同学们了解到了学生会的工作内容。随后，学生会秘书长方泽华对本次招新宣讲进行了总结。

最后，致真书院院长王惠文作总结性发言，在对招新工作表示肯定的同时，也表达了对新一届学生会未来工作的期望。

2017年10月20日，致真书院学生会第一次全体大会在北航沙河校区J3-310教室召开。致真书院专职辅导员贾子超、专职辅导员魏茜、半脱产辅导员兼学生会秘书长方泽华，2017级学生辅导员王瑛迪、田莉娟，以及致真书院学生会主席团、各部长团和100多位学生会干事出席本次会议。会议由学生会办公室主任王宇晴主持。

首先，致真书院专职辅导员贾子超发表了讲话。在讲话中，他界定了学生会的主要职能，强调了学生团体组织建设的规范性和纪律性。他告诫学生会的成员要以身作则，勇于担当，提升自己的工作水平，锻炼自己的工作能力，作为致真书院的创建者，在保证自身学习的同时，要对工作充满热情，做到召之即来，来之能战，战之必胜，为书院的发展贡献自己的力量。

之后，致真书院专职辅导员魏茜就本次会议发表讲话。她深入学生会成员的日常生活，希望学生会成员能在学生会团体中互帮互助，团结合作，收获温暖，获得友谊，并期待学生会成员在为共同目标打拼的同时找到属于自己的小团体，并锻炼一定的领导能力。

接下来，办公室、外联部、组织部、社团部、传媒部等11个部门分别对近期的工作计划作报告，为新一届学生干事提出具体的指导和要求，并制订清晰的计划，高端论坛、校运会、迎新舞会、新生杯篮球赛等多项活动在此期间被提上日程（图6）。

图6　致真书院学生会各部门报告近期工作计划

在随后的学生会制度介绍中，学生会副主席罗雨简要地向大家介绍了学生会的绩效考核制度、部长联席会议制度、财务制度等管理制度，让大家对学生会的管理模式有一个清晰的认识，也让大家对学生会的发展有初步的构想。

大会的第五项，致真书院学生会主席郭雅雯向各位新成员分享了自己的经验，提醒学生会新成员在关注学生事务的同时也要注意学习，用热情、谦逊的态度对待他人、尊重他人，不怕过程中遇到的困难，努力解决问题，用积极的心态面对接下来的学生工作。

最后，半脱产辅导员兼学生会秘书长方泽华对本次会议进行了简短的总结，回忆了自己在学生会的过往，希望学生会成员能珍惜当下在学生会的时光，表达出对致真书院学生会的信心，希望学生会成员能够在接下来的工作中不断超越自我，砥砺前行。会后，学生会全体成员进行了大合影（图7）。

图 7　致真书院学生会全体成员合影

（二）第二届致真书院团委

2018 年 9 月 28 日晚，致真书院学生会招新宣讲于北航沙河校区 S4-205 报告厅举办。

会议伊始，学生会代主席翟毅介绍了自己对于学生会的理解并表达了对新生的期许（图 8）。随后，来自外联部、文艺部、体育部、新闻中心、信息部、办公室、社区部、社团部、双创部、实践部、组织部、学习部的代部长、代副部长简短地介绍了各自部门的特点和工作概况。

图 8　致真书院学生会代主席翟毅发言

经过一轮的充分宣讲，2018 级的同学们了解到了学生会的工作内容。

学生会秘书长方泽华对本次招新宣讲进行了总结（图9）。

图9　致真书院学生会秘书长方泽华发言

最后，致真书院院长王惠文作了总结性发言，在对招新工作表示肯定的同时，也表达了对新一届学生会未来工作的期望（图10）。

图10　致真书院院长王惠文讲话

2019年3月2日上午9:00，第二届学生会召开新学期全体大会，会议流程包括优秀干事表彰、团委书记贾子超讲话、各部门部长进行工作总结、学生会主席翟毅部署换届工作等。此次是致真书院学生会第一次在春季学期举行全体大会，进行工作总结和新学期工作部署。

贾子超书记对此次大会表彰的学生会优秀干事表示祝贺和鼓励，同时激励未获奖的干事继续发挥潜力（图11）。他对同学们寄予了希望：希望同学们能够作为致真书院的排头兵，对照自身现状，反思对自身建设的要求。

同时，他对书院学生会工作提出了建议：要着眼于部门调整、团委架构调整、基层互动，放眼要高；尝试建立与其他部门或者其他学院等多方面的联系，更好地建设致真书院学生会。

图11　致真书院团委书记贾子超讲话

致真书院学生会办公室、创新创业部、社区部、社团部、实践部、体育部、外联部、新闻中心、文艺部、信息部、学习部、组织部依次派代表上台作2018年工作总结，并做出了2019年的工作安排和计划。

学生会主席翟毅指出，该学期学生会的主要任务是培养干事的能力，减少部长的参与，考察干事的能力，为换届作准备。他希望同学们能在工作中抓住核心，并且能在事务中保证思想观念正确、在学习中保证完成学习要求。最后，他对2018级干事寄予了厚望。会后，全体学生会成员在台上合影（图12）。

图12　致真书院第二届学生会新学期全体大会参会人员合影

（三）第三届致真书院团委

2019 年 9 月 7 日下午，致真书院第三届团委会纳新宣讲在北航沙河校区咏曼剧场举行（图 13）。

图 13 致真书院第三届学生会纳新宣讲

2019 年 9 月 17 日，第三届团委名单正式公布。本次招新和选拔依托"中秋家宴"将同学们召集在一起，活动过程由各部门策划筹备，在给同学们带来舒适的游戏体验的同时，展现各部门风采，树立各部门形象，招纳优秀干事。会后，学生会骨干成员进行了合影（图 14）。

图 14 致真书院第三届学生会骨干成员合影

（四）第四届致真书院团委

2020 年 9 月 16 日，作为受新冠肺炎疫情影响最为严重的一届，尽管艰难，致真书院团委依旧顺利地完成换届。

2020 年 9 月 17 日晚，致真书院学生会纳新宣讲在北航沙河校区 J0-002 教室举行。在代主席刘朋举，代副主席徐逸伦、米赟、陈心语和王衍的主持下，各个部门的代部长团依次登台，展示部门风采。

（五）第五届致真书院团委

2021 年 9 月 9 日，致真书院第五届团委进行了纳新宣讲（图 15）。

图 15 致真书院第五届团委纳新宣讲

2021 年 10 月 16 日，致真书院第五届团委举行第一次全体见面会，部署 2021 级工作计划。

五、北航大学生科技志愿服务队

致真书院积极对外洽谈建设科普实践基地，促进北航科技教育和校外科普活动有效衔接。书院组织创建北航大学生科技志愿服务队，连续三年深入山西中阳县阳坡塔学校进行科普课堂和社会调研活动，将 AI 科普带进山村，点亮当地孩子的科学梦想。北航大学生科技志愿服务队先后获第七届中国国际"互联网+"大学生创新创业大赛（北京赛区）三等奖、2021年北京航空航天大学暑期社会实践优秀团队一等奖、2021年"青年服务国家"首都大中专院校学生社会实践优秀团队、第七届"寻找全国大学生百强暑期实践团队"全国最佳实践团队等实践成果后，在探索建设"学习型社会实践"的道路上继续大步向前。

北航大学生科技志愿服务队成立于2019年，是首都高校科技志愿服务总队成员，以"点亮科学梦想，培养爱国情怀，增长知识才干，担负时代使命"为初心，聚焦面向乡村中小学生开展科创教育，通过开展科创训练营、助力木耳宣传、参观中国中钢集团有限公司（简称"中钢"）（图16）与北航孵化基地、重温吕梁红色历史，以聚科创、助振兴、悟脱贫、学党史的实践回答时代期望。

图16　北航大学生科技志愿服务队参观中钢图片

（一）2019年北航大学生科技志愿服务队实践活动

真正的答案，被书写在大地上、炊烟里。征程第二天起，北航大学生科技志愿服务队跟随指导教师黄劲松老师开始对中阳县进行社会调查。队员们参与了和中阳县政府领导、基层干部的谈话，与扶贫工作者进行交流。队员们不仅掌握了社会访谈的规律，学习了获取信息的技巧，还了解到许多北航参与中阳县扶贫工作的措施和数据。队员们还走访中阳钢厂，目睹了庞大壮观的产业园区，感受中钢优秀的企业文化和大型企业所肩负的社会责任，真正理解了"钢铁是怎样炼成的"。

十日授业解惑人，背靠厚土种星辰。在中阳县阳塔坡学校和临县南关小学讲授主题为"人工智能与机器人"的科普课程时，北航大学生科技志愿服务队队员是这样形容的："在这里，遇见初升的朝阳。"在前期准备中，队员们学习了 Innobot 套件、单片机编程，还进行了团队融冰、课堂试讲等环节。在实际课堂中，队员们把编程相关的基础知识和基本语句渗透授课过程之中，设置小组讨论、小方游戏、绘画活动、写代码、搭硬件、学习杠杆和轮轴、使用机械臂等环节，每一个环节都十分有趣。队员们还为小学生们介绍了航空航天知识，包括飞机飞行的原理、航空仿生学的应用等，进一步拓展了孩子们的知识面。

图 17   北航大学生科技志愿服务队临县调研剪影

图 18　北航大学生科技志愿服务队为孩子们讲授科普课程

（二）2020 年北航大学生科技志愿服务队实践活动

2020 年，北航大学生科技志愿服务队以"云支教"的形式线上出队。在出征仪式上，中国科学技术协会科普部副部长廖红宣读怀进鹏书记《致北航大学生科技志愿服务队的信》，充分肯定北航大学生科技志愿服务队"学习型实践"的创新模式。在前期培训中，队员们努力协作。从破冰、材料准备到培训、试课说课，大大小小、长长短短的线上会议成为队员们的日常。培训内容包括报告撰写、表格填写、PPT 制作、数据分析、科学实验、资料检索、创新思维等，充足而全面。实际教学中，北航大学生科技志愿服务队立足新冠肺炎疫情防控新局势，聚焦"常态化新冠肺炎疫情防控中的科学问题"，以将科普和生活中的科学实验相结合的方式开展科普教学（图 19）。

北航大学生科技志愿服务队还为孩子们举办了创意大赛。孩子们面对新冠肺炎疫情防控形势下物资运输、核酸检测、医疗服务、心理服务、教育行业中的各种实际问题，进行了各类产品设计，选题宽广、内容丰富。

图19 科普课堂、科普讲座截屏

（三）2021年北航大学生科技志愿服务队实践活动

北航大学生科技志愿服务队面向中阳县阳坡塔学校 90 名学生开展"乡村教育振兴"主题科创训练营，点亮学生们的科学梦想。北航大学生科技志愿服务队结合乡村教育振兴，有机融合科普与科创，为阳坡塔学校的学生们带来"生活中的科学问题""生活中的科学实验""数据分析思维""创意设计思维""未来的飞机""职业生涯幻游""资料检索""报告撰写与PPT制作"等课程，启迪学生们的创意思维，提高学生们的科创能力。

图20 2021年北航大学生科技志愿服务队活动剪影

　　北航大学生科技志愿服务队参与中阳黑木耳直播宣传，助力乡村振兴。志愿服务队队员代表李非、陈牧茜、卢嘉霖前往中阳县石家沟黑木耳大棚参加"网销中阳小木耳做好产业大文章"木耳直播宣传活动（图21）。志愿服务队参观中钢与北航孵化基地，学习"牢记领袖殷殷嘱托决战完胜脱贫攻坚"主题讲座，感悟脱贫攻坚精神与脱贫攻坚中的北航力量。志愿服务队参观中共中央西北局留守处旧址与碛口古镇，感受吕梁红色精神，感悟中国共产党历经百年而风华正生生不息的精神血脉（图22）。

图21　直播宣传活动剪影

图22　红色参观剪影

（四）2022年北航大学生科技志愿服务队实践活动

2022年，北航大学生科技志愿服务队实践队再次以线上出队的方式进行学习型科普实践，开展科创教育，开始第四次出征，续写北航人在中阳定点帮扶的篇章。经历了近半年的准备，实践队队员探索出了"上课—反思—总结"的科普"三套餐"。实践队聚焦人口老龄化国情和农村养老服务这一痛点问题，以"智慧养老"为题开展科创训练营，运用所知所学，带领孩子们体验科技的魅力，让科学的种子在孩子们心中生根发芽，帮助孩子们茁壮成长（图23）。

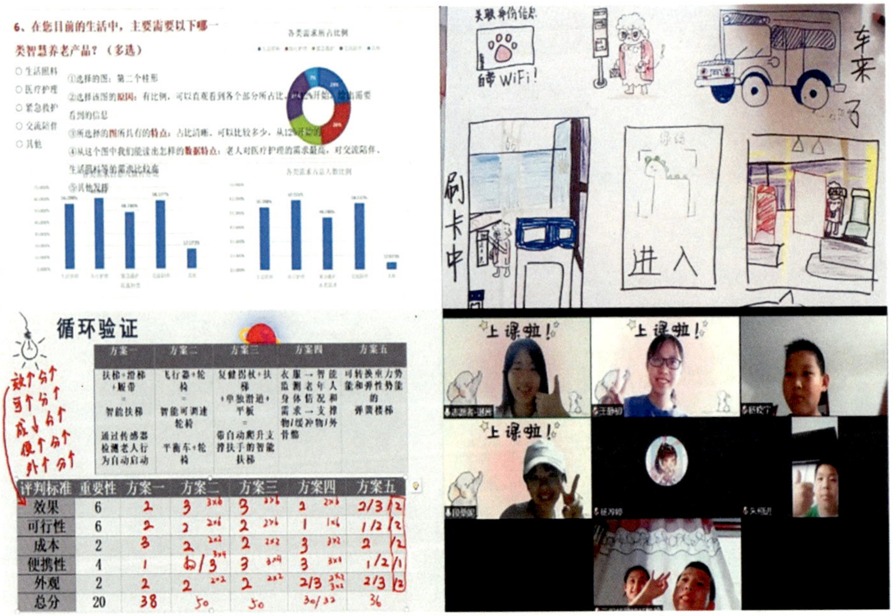

图23 线上教学剪影

除了实践队一直以来讲授的创意设计思维、生涯规划、数据分析和可视化等通用类课程外，实践队还邀请各路专家学者进行专业领域的科普，有"新能源汽车""奇妙的星辰大海""'问'天之路，'仪'路前行""探索自然奥秘，感受科学魅力"等科普讲座。

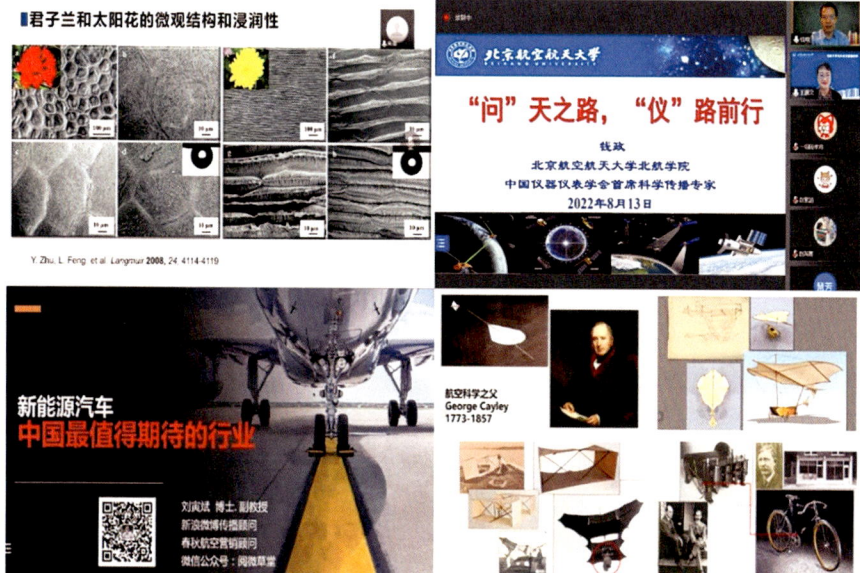

图24　线上科普讲座

"家文化"

致真书院提前谋划、认真策划、扎实组织，通过入学前后梦拓小组线上线下活动，入学后分队、分大班、分小班的融冰活动，各班级、团支部团建活动，"星座掌门"每月集体生日会、致真同乡联谊、中秋"致真家宴"、冬至"致真星夜"等活动的组织，让学生获得"归属感"。面对有相关心理需求的学生、经济困难的学生、社交困难的学生开展专门辅导帮助，确保书院"家文化"浸润每名学生心田。

一、社区空间提供环境平台

致真书院的社区空间名为"致真星空间"，是实现书院社区环境育人的重要载体，其建设理念在于：构建和谐、温馨的社区空间，支撑书院博雅课堂，为书院的全人培养搭建平台，营造"家文化、好学风、正气旋"的书院文化，促进学生"归属感、认同感、使命感、获得感"的形成。

致真星空间自 2018 年 1 月投入使用至 2022 年 6 月初，累计开展活动 3 271 次，参与师生人次达 27 012 人次，已经成为第一课堂之外各年级学生学习和课外生活的重要阵地，成为致真书院文化传承依托的硬件平台。离开致真书院的学生表示，每次踏进致真星空间，就能感受到浓浓的致真情。

致真星空间在建设过程中以学生为中心，了解学生需求，注重学生体验，优化布局，科学设计，各具主题，特色鲜明，将空间分为创客空间、党建工作坊、经典读书社、导师会客厅、学业规划工作坊、致真答疑坊（图 25—图 28）。空间面向致真书院各年级学生开放，学生在空间开展"致真团圆日""致真生日会""梦拓融冰"等主题活动，全方位营造书院"家文化";学生在空间开展课业串讲、"致真答疑坊""家有学霸"、小组间学业帮扶、科技竞赛＆科研小组＆课堂展示研讨等系列学业支持、指导活动，积极营造书院"好学风";学业导师进社区，博雅讲座嘉宾进社区，辅导员进社区，社团、协会、学生会等学生组织进社区，大力营造书院"正气旋"。

图25　致真书院社区空间建设效果图——党建工作坊

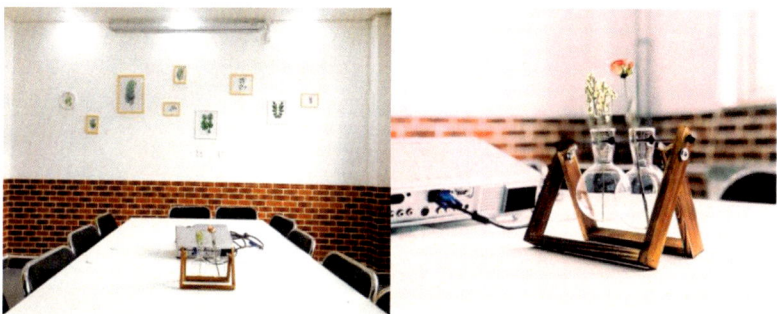

图26　致真书院社区空间建设效果图——经典读书社

图27　致真书院社区空间——导师会客厅

图 28   致真书院社区空间——学业规划工作坊

二、"梦拓计划"提供组织保障

（一）历史背景

为适应国家对于管理人才培养的客观要求，秉承北航的人才培养目标，北航经济管理学院自 2010 级本科生开始，开创性地进行本科教学改革，将北航的工科背景与管理人才培养的客观规律和要求有机结合，借鉴国内外人才培养的成功经验，形成独具特色的人才培养机制。从 2010 年起，北航针对入学的本科新生进行多种授课方式并行、多种教学改革并进的创新型教育，力图在传统教育方式的基础上结合"90 后"学生自身特点和需求增加新颖的育人形式。从此，本科生的大学生活青春激昂，才情荡漾，紧张、充实、精彩、快乐。

梦拓，谐音取于英文"mentor"，意为"导师，顾问"，也同时承载着"圆大学之梦，拓未来之路"的美好寓意，希望"梦拓"们以同行者、引路人的身份陪伴彼此，充实地度过大学四年光阴，为追逐梦想、开拓未来埋下坚实的基础。

（二）发展历程

（1）2011 年，北航经济管理学院为解决新生出现失落和迷茫的问题，发起"新生顾问计划"，即"梦拓计划"。

（2）2014 年，北航计算机学院等八个学（书）院在秋季启动了自己的"梦拓计划"。

（3）2015 年，越来越多的学院重视"梦拓计划"，北航出台"梦拓计划"实施的指导意见。

（4）2016 年，北航评选第一届"十佳梦拓"，梦拓工作由学业发展与支持中心统一管理监督。

（5）2017 年，北航本科招生制度改革，实施大类培养。各书院根据书院特色，基于学校"梦拓计划"指导意见，发布各自"梦拓计划"实施方案，至此致真书院的"梦拓计划"开始了。

（6）2020 年，致真书院首次邀请经济管理学院的武欣老师为新生"梦拓"进行领导力培训。

（7）2021 年，致真书院首次将新生"梦拓培训"开设为一门 16 学时的一般通识课程"大学生团队领导力开发"，开课时间为春季学期，实现"梦拓"培训规范化、体系化。

（三）组织架构

经过不断的优化迭代，目前，致真书院"梦拓计划"组织架构由梦拓理事会、首席执行梦拓、梦拓组长、宣传中心及梦拓组组成（图 29）。

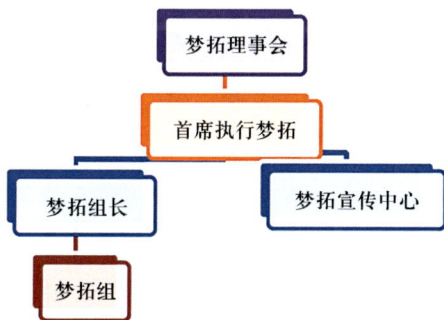

图 29　致真书院"梦拓计划"组织架构

梦拓理事会由致真书院院长、执行院长、辅导员共同担任，主要负责"梦拓"的制度建设，对整体工作的管理和监督，以及对"梦拓"的选拔任用。其中，辅导员负责定期对"梦拓"工作进行检查指导，并对关键活动节点进行监督把控。

首席执行梦拓由 4—6 名往届优秀"梦拓"组成，是整个"梦拓"组织的执行层，负责安排"梦拓"活动进度，并对"梦拓"工作的细节部分进行监督指导。致真书院要求首席执行梦拓定期对"梦拓"工作进行回访，并定期召开"梦拓"讨论会，便于梦拓组长交流经验。

梦拓宣传中心负责宣传各组"梦拓"的活动，以线上、线下平台作为载体，及时发布和展示各梦拓组的活动信息。

梦拓组长负责梦拓活动的日常工作。

梦拓组由若干梦拓组员组成（一般在 6 人及以下）。

（四）致真书院梦拓选聘

致真书院 2017 年选聘"梦拓"86 人，其中男生 57 人、女生 29 人，8 人来自少数民族，梦拓小组分组综合考虑"梦拓"和组员的民族、性别、生源地域以及组员的班级等因素，尽量使每个小组在上述各个因素中保持均衡，例如每个小组的学生尽量来自不同的班级，尽量有一个北京本地的学生，尽量有 1~2 名女生，尽量小组成员的生源地域分布均衡。

致真书院 2018 年选聘"梦拓"101 人，首席执行梦拓 6 人。

致真书院 2019 年选聘"梦拓"100 人，首席执行梦拓 6 人。2019—2020 学年的创新点为：按班级和宿舍分梦拓组；以中秋节为契机开展的"中秋家宴"活动，首次以梦拓组单位进行游戏，加深"梦拓"与新生之间的感情联系，融梦拓小家于致真大家；重视新生对"梦拓"的感恩心，设置提供"梦拓"学长学姐的生日，给新生发放明信片，在"致真星夜"当天一齐交给"梦拓"等环节，加强新生对于梦拓的感恩情感；重视"梦拓"总结，开展"梦拓"中期总结；实行副"梦拓"制，经管学院的"梦拓"可在北航沙河校区指定一名副"梦拓"于日常到各宿舍帮助新生解决相关问题。

致真书院 2020 年选聘"梦拓"93 人，首席执行梦拓 6 人。致真书院于 2020 年暑期首次开展为期 3 天的互动式线上"梦拓"培训，邀请经济管理学院武欣老师为主讲老师，2018 级优秀"梦拓"及首席执行梦拓担任志愿者，围绕理想信念教育、经验分享与角色认知、"梦拓"实用技能培训、领导力提升等多项内容，依托往届"梦拓"分享、教师引导、案例讨论、行动学习等方式开展"梦拓"培训。

致真书院于2021年春季学期开展16课时的"梦拓"培训课程"大学生团队领导力开发"，邀请经济管理学院武欣老师为主讲老师，往届优秀"梦拓"及2020级首席执行梦拓担任培训小组长，围绕理想信念教育、经验分享与角色认知、"梦拓"实用技能培训、领导力提升等多项内容，依托往届"梦拓"分享、教师引导、案例讨论、行动学习等方式开展"梦拓"培训，构建形成"'梦拓'歌曲、执行手册、课程培训、班级宿舍联动"四位一体的朋辈助力体系。

2010—2021学年"梦拓"工作的优点总结为：按宿舍分梦拓组，使学生的感情更深厚；系统性的互动式"梦拓"培训；开展"新梦拓送回2017级开学给自己的一封信"活动，实现致真书院"家文化"的传承，打通4个年级的沟通壁垒；定期开展月度总结会，各小组之间取长补短，帮助"梦拓"计划更好地开展；致真书院完成《北航学院梦拓工作手册》和《2020年致真书院梦拓计划执行手册》编撰工作。

致真书院2021年选聘"梦拓"91人，首席执行梦拓6人。2021—2022学年，致真书院完成《2021年致真书院梦拓计划执行手册》《梦拓活动指南》《2021—2022学年致真书院梦拓计划总结专刊》编撰工作。致真书院打造体系性的梦拓故事宣传，具体包括书院梦拓故事（如"中秋家宴"）、梦拓小组风采展示（由各梦拓小组供稿）两大板块，以致真书院公众号作为主要载体，打造书院"梦拓"宣传矩阵。依托梦拓组的致真书院活动包括：致真书院在开学第一周开展"新生融冰"活动，通过形式多样的团队游戏，帮助梦拓组组内融冰、组间熟悉；寒假期间，首次开展"我们的年夜饭"活动，以梦拓组为单位完成一桌年夜饭制作，营造梦拓组及致真书院的团圆氛围。

2021—2022学年致真书院注重"梦拓"家族建设，强调致真书院2017级、2018级、2019级、2020级、2021级之间的梦拓组联动，通过"梦拓"引导学生加强年级间的联系，宣传典型事例，发挥梦拓组纽带作用的优势，弘扬致真书院"家文化"。致真书院强调首席执行梦拓制度作用，选拔 2020 年优秀"梦拓"为致真书院 2021 级首席执行梦拓，将"梦拓"分为 6 个大组，首席执行梦拓为新生"梦拓"提供指导和日常培训，打造规范化书院"梦拓"制度体系。

三、文化活动提供行动指引

致真书院文化的形成需要通过丰富且有吸引力的书院文化活动来实现。致真书院通过文化活动推动师生、学生之间进行沟通，促进师生、学生相互之间的交往。致真书院以解决大学新生适应期的关键问题为导向，紧密围绕各个关键节点部署文化活动，凝练形成"家文化、好学风、正气旋"文化内涵，创新构建了以时间维度部署推进的文化形成路径，为致真书院文化建设提供可实操的抓手，打造了"家文化、好学风、正气旋"的特色书院文化形成模式，学生在书院产生归属感、认同感。图 30 展示了以新生适应关键节点为轴的致真书院文化构建路径。

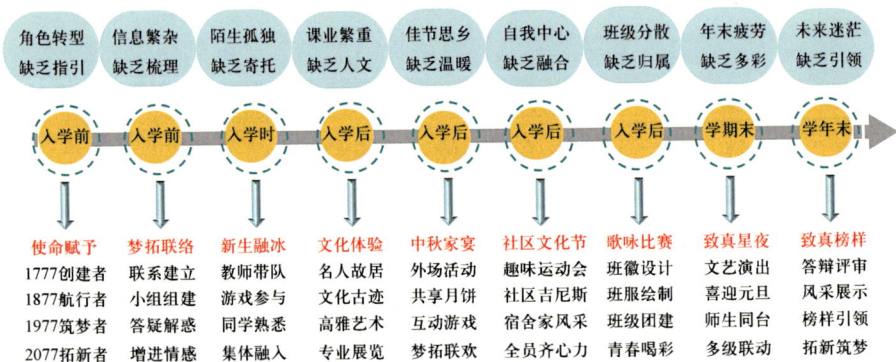

图 30　以新生适应关键节点为轴的致真书院文化构建路径

（一）迎新活动

致真书院迎新活动旨在帮助新生安全抵达学校、顺利完成报到的同时，通过精心设计的流程、富有特色的文创、师长和"梦拓"的关怀以及充实的新生入学教育活动等，让学生在大学第一站就能够感受到扑面而来的"家文化"气息，让初次离家的新生们获得安全感、认同感和归属感。

1. 创建者

2017 年是北航实施全面大类招生的第一年，也是致真书院建立的第一年。2017 年 9 月 2 日，致真书院迎来了第一批新鲜血液。作为北航大类招生的第一批学生，2017 级学生拥有一个响亮的名字——"创建者"。

培育时代英才，放飞青年梦想，金秋九月，来自五湖四海的莘莘学子进入北航致真书院，实现自我提升，追寻人生方向。致真书院的迎新队伍涵盖了书院对应院系的学长学姐们，他们意气风发，迎来了致真书院的创建者——"1777，一起进击"（图 31）。

图 31　辅导员迎接致真书院第一批学生

2017 年 9 月 9 日上午，北航致真书院 2017 级迎新大会在北航沙河校区咏曼剧场举行，大会由致真书院执行院长闵敏主持，北航学院常务副院长曹庆华、常务副书记董卓宁、致真书院院长王惠文、物理科学与核能工程学院副院长黄安平、空间与环境学院副院长吕浩宇、经济管理学院党委副书记王喜忠、数学与系统科学学院党委副书记丁丁、物理科学与核能工程学院党委副书记冯盛、化学学院党委副书记李丹，致真书院 2017 级班主任代表、辅导员以及致真书院 2017 级全体新生出席此次大会（如 32）。

图 32　致真书院 2017 级迎新大会

　　北航学院常务副院长曹庆华致辞，对理科大类同学的大一学习提出指导性建议，并介绍了北航学院大类培养结构及教学与学生管理融合一体的新模式，希望在北航学院与同学们的共同努力下，造就更多未来的学术大师。

图 33　北航学院常务副院长曹庆华致辞

　　致真书院高秋明老师作为班主任代表发言。高秋明表示，班主任是沟通学校、教师与学生的桥梁，对于学生的成长成才和学校的改革发展都具有重要作用。此外，高秋明还提到高水平理科基础教育的重要性。高秋明希望初入学的同学们思考自己未来要成为怎样的人，并在大学这一人生事业规划的起点，围绕这一人生理想获取所需知识、能力与素质，最终实现自己的梦想。

吴祁颖同学作为致真书院新生代表作了发言（图34）。他激情澎湃地表达了进入北航这所优秀学府深造的兴奋与自豪之情，并相信北航作为国家"双一流"建设中的一流高校，必将成为中国大学冲刺国际顶尖学府的"冲锋号"。同时，吴祁颖还表达了全体致真书院的学生对书院"为学致远，明理求真"精神的热爱。他倡议同学们应如致真书院迎新背景墙上所写的"立初心，即前行"一样，不忘初心，砥砺前行。

图34　致真书院新生代表吴祁颖发言

致真书院院长王惠文致辞（图35）。王惠文首先分析了学生在大学期间感到迷茫的问题，针对性地介绍了致真书院的四类导师体系。她强调通过分享互助网络，把学生、教师、校友联系起来，让经验传递；把爱与被爱联系起来，让幸福倍增；把付出与收获联系起来，让大家共同成长。王惠文提到大学学习与中学学习的差别，即从被动到主动，从接受到思考，从知道到悟到、做到，学习指的是培养实现在生命中真正所想要达成结果的能力。王惠文希望同学们能够成为广泛涉猎、学有专攻的T型人才，践行"德才兼备 知行合一"的北航校训，鼓励同学们把成长的烦恼变成成长的快乐，坚持进行体育锻炼，关注自身健康与安全。

图 35　致真书院院长王惠文致辞

　　最后，北航学院党委常务副书记董卓宁为致真书院"四爱"党建工作坊授牌，为致真书院切实落实书院社区建设，实现党建进社区、思政进社区、团建进社区、文化进社区、学业进社区、博雅进社区、导师进社区的建设目标拉开序幕。

　　2. 航行者

　　"1877，未来可期"——伴随着口号声的响起，2018 级的"航行者"们踏入北航的校园（图 36）。从创建时的摸索奠基，1777 的跑道仍在延续，于是有了 1877 的扬帆航行。

图 36　2018 级新生报到现场

　　2018 年 8 月 31 日下午，北航致真书院 2018 级迎新大会在沙河校区咏曼剧场举行（图 37）。北航学院常务副院长曹庆华、致真书院院长王惠文、理科大类责任教授李尚志、新生班主任、书院执行团队出席大会。大会由致真书院执行院长闵敏主持。

图 37 致真书院 2018 级迎新大会

　　曹庆华代表北航学院对致真书院全体新生表示了热烈的欢迎，并作题为《北航，我的大学》的精彩致辞（图 38）。对于从高中到大学的转换，他指出，"硬着陆"代价惨痛，"软着陆"才能打开正确的大学之旅；北航拥有着一流的学科、一流的师资、一流的实验室和浓厚的科技创新氛围，助学子们成为理想高远、学识一流、胸怀寰宇、致真唯实的领军领导人才。

图 38 北航学院常务副院长曹庆华致辞

　　理科大类责任教授李尚志结合自己的求学经历，激励同学们明确目标，并为之不懈努力，不断探索，努力成为一个更好的人。（图 39）

图 39　理科大类责任教授李尚志致辞

　　迎新大会上，李典森作为新生班主任代表发言。李典森表达了对未来一年班主任工作的期待和展望，他希望每个同学都能迎难而上，积极面对苦难和挑战（图 40）。来自 2017 级的肖蓓琳同学作为在校生代表发言（图 41）。肖蓓琳讲述了自己在致真书院的成长经历和"家文化，好学分，正气旋"的致真书院文化，并祝愿学弟学妹们度过丰富多彩的大学生活。

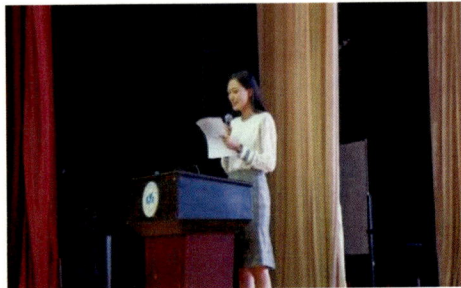

图 40　新生班主任代表李典森发言　　　　**图 41　在校生代表肖蓓琳同学发言**

　　2018 级李雨淙同学作为新生代表发言，她表示致真书院的学长学姐们通过艰苦奋斗创建了独一无二的致真书院，他们要将致真书院精神传承下去，创造属于自己的未来。

　　致真书院院长王惠文代表书院执行团队致辞。王惠文对致真书院作了介绍，并就学生的学习、成长提出了建议。针对新生所面临的迷茫感和孤独感，致真书院启动了导师计划、梦拓计划、学业指导计划，旨在让同学们获得归属感、认同感、使命感、获得感。王惠文希望同学们在大学四年的学习和生活中健康、充实、快乐、自豪！

会后，物理学院教学副院长黄安平为新生讲解了理科大类一年级培养计划（图 42）。教学秘书和佩佩解读了教学管理制度，并就选课相关事宜为同学们作了介绍（图 43）。

图 42　物理学院教学副院长黄安平发言

图 43　教学秘书和佩佩发言

3. 筑梦者

共筑海晏河清，同绘理想宏图。1977 注定是不平凡的一届致真书院人，"肩担中国梦，心怀报国情"的 1977，有属于自己独特的名字——"筑梦者"。由于 2018 级学生在迎新当天投入庆祝中华人民共和国成立 70 周年群众游行方阵的训练中，2019 级英才训练营的学生承担起了"自己迎接自己"的任务（图 44）。

图 44　致真书院 2019 级新生报到现场

"欢迎来到北航！欢迎来到致真！祝你开学愉快！我与祖国同行！"爽朗热情的迎新欢呼打破仲秋清晨的沉寂，致真书院英才的周到服务拉开新生报到的帷幕。

伴随着第一辆校车驶入校园，经历过首日（2019年9月1日）迎新服务以及第二天的总结暨调整会议的英才训练营各组成员高效有序地投入第二天的工作当中，继续为报到新生送出礼包和真挚祝福。

"中华七十载共筑海晏河清，迎致真一九级同绘航理宏图。"三行致祖国情书，写出北航青年的爱国热忱；展板上庄重的签字，彰显致真书院的和谐融洽；光影中欢笑洋溢，昭示大一新生的活力、笃定。

一公寓、二公寓之间悠扬响起亲切熟悉的旋律，排成"70"阵列的各书院新生热情歌唱《我和我的祖国》，致敬将至的中华人民共和国成立70周年。

时任北航党委书记曹淑敏也来到迎新现场，欢迎新同学的到来。曹淑敏与致真书院新生亲切交谈，和新生们一起在主题展板上签名。接着，曹淑敏走进新生宿舍，看望前来报到的新生及其亲友们，对同学们即将开启的大学生活寄予殷切希望。

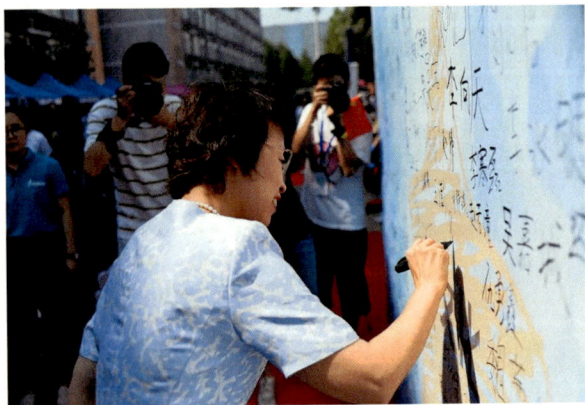

图45　北航党委书记曹淑敏来到迎新现场

截至2019年9月2日17时，伴随着最后一名新生的到来，对51名英才的迎新服务迎来尾声，致真书院为期两天的迎新工作圆满完成。在三位辅导员与各位英才的付出下，致真书院顺利接待新生453人，帮助他们迈进了新环境新起点的大门。

2019年9月5日下午,"2019·致真书院筑梦者启航礼"在北航沙河校区咏曼剧场举行。致真书院院长王惠文、理科大类责任教授李尚志、新生班主任、致真书院执行团队出席大会。大会由致真书院执行院长闵敏主持。

迎新大会在庄严的国歌声中拉开帷幕(图46)。

图46 致真书院2019级迎新大会

理科大类责任教授李尚志首先致辞,他结合自己的求学经历,激励同学们明确目标,并为之不懈努力、不断探索,努力成为一个更好的人(图47)。

图47 理科大类责任教授李尚志致辞

魏光美老师作为新生班主任代表发言（图48）。她提出四个问题：什么是大学、为什么上大学、北航是什么大学以及如何上好大学。她说，大学是结合了传承、研究、融合和创新的高等学府；上大学不仅仅是为了学知识、学技能，更重要的是，学做人。她援引施一公的一句话：大学最重要的是教会学生做人，"学做一个健全的、有自信的、尊重别人的、有社会责任感的人"。她表示北航是一所好大学，同学们要充分利用资源、矢志奋斗。

图48　新生班主任代表魏光美发言

来自2018级学生幸天驰作为在校生代表发言，讲述了自己在致真书院的成长经历和"家文化，好学分，正气旋"的致真书院文化，并祝愿学弟学妹们度过丰富多彩的大学生活（图49）。

图49　在校生代表幸天驰发言

2019级新生代表李美微发言（图50）。她说，2019年是重要的一年，这一年不仅见证了新生高考、梦想实现，也见证了伟大祖国诞辰70周年。她认为每一位新生要追求科学真理，探索客观世界发展规律，这正是"致真"名字的含义。她慷慨陈词：成人，担当起脚踏实地走好自己未来之路的责任；成为致真人，担当起学习知识、光荣母校的责任；身为中国人，就要担当起接过时代接力棒、建设祖国的责任。

图50 新生代表李美微发言

全体新生起立进行宣誓（图51）："我将秉承'为学致远，明理求真'的院训：树立远大理想，热爱伟大祖国，担当时代责任，勇于砥砺奋斗，练就过硬本领，锤炼品德修为。不负北航，不负青春，不负新时代！"

图51 致真书院2019级全体新生宣誓

致真书院院长王惠文代表书院执行团队致辞（图52）。王惠文对致真书院作了介绍，并就学生的学习、成长提出了建议。她说，针对新生进入大学而产生的迷茫感和孤独感，致真书院启动了导师计划、梦拓计划、学业指导计划，旨在让同学们获得归属感、认同感、使命感、获得感。她表示希望同学们在大学四年的学习和生活中收获快乐，而快乐就是"做有意义的工作和构建高品质的人际关系"，鼓励同学们勤奋学习、勇于创新、赢在转折点。

图52   致真书院院长王惠文致辞

最后，全体师生合唱北航校歌《仰望星空》，迎新大会在悠扬的歌声中圆满结束。

4. 拓新者

拓新，寓意开辟新的道路，探索新的可能。2077的拓新者们承载着三年的成长，寄托，再次出发，向着崭新的未来迈进（图53）。

图53   致真书院2020级新生报到现场

2020 年 9 月 17 日上午，北航"致真书院 2020 拓新者启航礼暨迎新大会"在沙河校区咏曼剧场举行（图 54）。致真书院院长王惠文教授、新生班主任代表、书院执行团队出席大会。在整齐有序的掌声间，大会正式开幕。

图 54 致真书院 2020 级迎新大会

来自化学学院的赵天艺老师作为新生班主任代表致辞（图 55）。赵天艺表达了对 2020 级新生乃至新生班主任职务的期待，更和蔼而不失严厉地对 2020 级新生提出了要求："作为一名'致真人'，首先要牢记使命，勇于担当。""其次，'致真人'要精进学业，丰沛学识。"最后，赵天艺为 2020 级新生的大学生活送上了十六个"金"字——认真规划，养成习惯；团结协作，互敬互让。

图 55 新生班主任代表赵天艺致辞

来自2019级的庄俊杰作为在校生代表发言（图56）。他回忆了过去一年在北航致真书院度过的美好时光，并表达了对学弟学妹们的期待，祝愿他们在北航好好学习、好好生活，能够享受一段愉快的时光。

图56　致真书院在校生代表庄俊杰发言

"这个假期，最不后悔的就是选择了北航！"2020级新生代表朱典琪如是说道（图57）。在她的演讲中，她回忆了2020年前半段的风雪征程，表达了当下在北航的欣喜，并抒发了对未来的期待。2020年，突如其来的新冠肺炎疫情打乱了人们的生活节奏。开学推迟、高考延期，一系列的变化给2020年的考生带来了挑战，同时也提供了机遇。考生们与全民抗疫的时代潮流共努力、共拼搏，经历高考的检验，最后得以在北航相聚。

图57　致真书院新生代表朱典琪发言

　　致真书院书院院长王惠文代表书院执行团队致辞（图58）。王惠文为同学们介绍了致真书院，并就学生的学习、成长提出了建议。她围绕"迷茫"一词，对学生的大学生活进行引导。迷茫是什么？为什么会迷茫？怎样克服迷茫？王惠文一针见血地戳破学生的疑问。在王惠文颇具耐心的讲解间，同学们脸上显露出的对未来的信心愈发明朗。

图58　致真书院院长王惠文致辞

　　在致真书院2020级新生合唱北航校歌《仰望星空》的悠扬歌声中，迎新大会圆满结束。

5. 摘星者

　　拓梦凝心，摘星启航。在学长学姐们的带领下，摘星者们顺利通过重重关卡，从辅导员或是学长学姐手中领取了新生礼包（图59）。

图59　致真书院2021级新生报到现场

2021年9月8日上午，北航"2021致真书院摘星者启航礼暨迎新大会"于北航沙河校区咏曼剧场举行（图60）。

图60　致真书院2021级迎新大会

北航学院院长钱政、致真书院院长王惠文、致真书院执行院长闵敏、致真书院2021级班主任代表衣博文出席本次会议，致真书院执行团队各位老师、致真书院2020级学生郭雨欣与致真书院2021级全体新生参加本次会议。会议由致真书院执行院长闵敏主持。

北航学院院长钱政在启航礼上致辞（图61）。钱政首先介绍了北航学院的组织架构与各书院名称所蕴含的北航文化。钱政希望同学们能培养"归零"心态重新出发，能在挫折中激发潜力、不断进步，能在科学规划中找到方向，能在大学生活中丰富自我，在北航"厚植情怀、强化基础、突出实践、科教融通"的人才培养方针下不断成长、超越梦想。

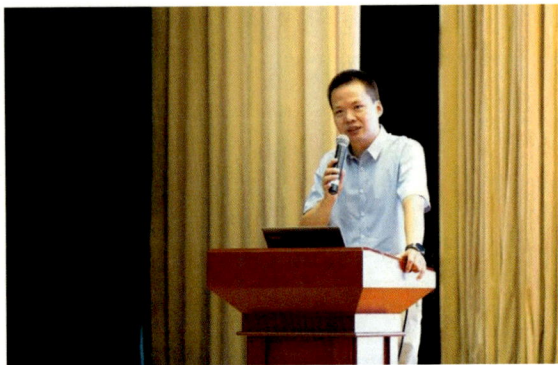

图61　北航学院院长钱政致辞

致真书院 2021 级班主任代表衣博文、致真书院 2020 级学生代表郭雨欣、致真书院 2021 级新生代表李卓远在启航礼上发言（图 62、图 63 和图 64）。衣博文希望摘星者们要平衡好"内卷"与"躺平"，平衡好平凡与伟大；郭雨欣希望摘星者们科学化自我管理，在经历失败后继续尝试，不负青春韶华；李卓远表示会尽快适应大学生活，在致真书院的学习与活动中加深对"家文化、好学风、正气旋"的认识与理解。

图 62 致真书院新生班主任代表衣博文发言

图 63 致真书院在校生代表郭雨欣发言　图 64 致真书院新生代表李卓远发言

致真书院院长王惠文在启航礼上致辞（图 65）。王惠文希望各位同学能正确认识迷茫与孤独，找到让心灵"站立"的力量；能善于利用致真书院各方面资源，搭建超越自我的平台；能作为"家文化"的建设者、贡献者，用爱"发电"，让爱的传承薪火不熄；能面向未来去学习，以扎实的基础训练培养原始创新能力。

图 65　致真书院院长王惠文致辞

　　最后，王惠文讲述了北航大学生科技志愿服务队的成功实践故事。北航大学生科技志愿服务队以积极乐观、向前向上的心态克服了实践过程中一个又一个困难，展现出了学习型组织的高效与坚定。王惠文借此希望同学们学会合作，以团队学习实现自我超越与进步。

（二）"新生融冰"

　　学生在入学报到时，"陌生"和"孤独"是真实的写照——陌生的环境、陌生的同学、陌生的老师、陌生的辅导员、孤独的自己。针对这一情况，致真书院组织"新生融冰"活动，以梦拓小组为单位参加，10 个梦拓小组为一队，"梦拓"学长担任所在小组组长，教师、辅导员担任所在队带队队长，通过"清单搜索""爱的同心圆""贪吃蛇"等户外游戏，让学生们彼此熟悉、消除隔阂，加深新生对大学的了解，促进梦拓小组成员之间、其他学生之间的沟通与交流，增进梦拓小组成员之间的亲近感，在梦拓小组的相互竞争中提升组内凝聚力。"新生融冰"活动可以消除新生对于新环境的陌生感，帮助新生更快地融入大学生活。图 66—图 70 展示了 2017—2021 级"新生融冰"活动精彩画面。

图 66　致真书院 2017 级"新生融冰"

图 67　致真书院 2018 级"新生融冰"

图 68　致真书院 2019 级"新生融冰"

图 69　致真书院 2020 级"新生融冰"

图 70 致真书院 2021 级"新生融冰"

（三）文化体验

"梦拓"定期带领学生们走出学校，在北京游览参观，领略北京博大精深的传统文化以及历史底蕴。"文化体验"以团队出行的形式，"梦拓"分工合作，每个学期带领学生们参观一次博物馆或专业展览、游览一次有文化底蕴的公园、欣赏一场高雅艺术、寻访一次名人故居。"文化体验"通过参观、欣赏、体验、团建等活动，拓宽学生视野，增加学生的文化积淀。

1. 2017—2018 学年

2017 年秋季学期，致真书院全部"梦拓"小组累计开展活动 197 次，其中，参观博物馆或专业展览 65 次、欣赏高雅艺术或文艺演出 16 次、集体交流学习 35 次、集体出游或聚餐 79 次。

2018 年春季学期，致真书院全部"梦拓"小组累计开展活动 81 次，其中，参观博物馆或专业展览 15 次、欣赏高雅艺术或文艺演出 8 次、集体交流学习 8 次、集体出游或聚餐 46 次、开展其他形式的特色活动 2 次。

2. 2018—2019 学年

2018 年秋季学期，致真书院全部"梦拓"小组累计开展活动 311 次，其中，参观博物馆或专业展览 54 次、游览有文化底蕴的公园 45 次、欣赏高雅艺术 22 次、寻访名人故居 7 次、开展其他形式的特色活动 183 次。

2019 年春季学期，致真书院全部"梦拓"小组累计开展活动 106 次，其中，参观博物馆或专业展览 28 次、游览有文化底蕴的公园 24 次、欣赏高雅艺术 8 次、寻访名人故居 1 次、开展其他形式的特色活动 45 次。

3. 2019—2020 学年

2019 年秋季学期，致真书院全部"梦拓"小组累计开展活动 504 次，其中，参观博物馆或专业展览 88 次、游览有文化底蕴的公园 89 次、欣赏高雅艺术 74 次、寻访名人故居 67 次、开展其他形式的特色活动 186 次。

2020 年春季学期，受新冠肺炎疫情影响，学生未能返校，"梦拓"活动以线上形式开展，致真书院全部"梦拓"小组累计开展活动 325 次，其中，参观线上博物馆 80 次、开展名人传记线上读书交流会 49 次、观看线上艺术展或正能量影片 86 次、开展"梦拓"小组特色活动 110 次。

4. 2020—2021 学年

2020 年秋季学期，致真书院全部"梦拓"小组累计开展活动 444 次，其中，参观博物馆或专业展览 65 次、游览有文化底蕴的公园 78 次、欣赏高雅艺术 60 次、寻访名人故居 51 次、开展其他形式的特色活动 190 次。

2021 年春季学期，致真书院全部"梦拓"小组累计开展活动 265 次，其中，参观线上博物馆 43 次、开展名人传记线上读书交流会 56 次、观看线上艺术展或正能量影片 55 次、开展"梦拓"小组特色活动 32 次、开展其他形式的特色活动 79 次。

5. 2021—2022 学年

2021 年秋季学期，致真书院全部"梦拓"小组累计开展活动 215 次，其中，参观博物馆或专业展览 50 次、游览有文化底蕴的公园 59 次、欣赏高雅艺术 21 次、寻访名人故居 21 次、开展其他形式的特色活动 64 次。

2022 年春季学期，致真书院全部"梦拓"小组累计开展活动 81 次，其中，参观博物馆或专业展览 15 次、游览有文化底蕴的公园 22 次、欣赏高雅艺术 6 次、寻访名人故居 10 次、开展其他形式的特色活动 28 次。

（四）中秋家宴

"中秋家宴"最初是由 1777 的学生们自发组织，学生们在中秋节时聚在一起吃月饼、做游戏，纪念中秋佳节。经过不断迭代，"中秋家宴"有了更加丰富的含义。

（1）"中秋家宴"带领新生切身体验"家文化"，让他们初次离家的中秋节生活能够丰富多彩、充满温暖，帮助他们在集体活动中消解"孤独感"。

（2）"中秋家宴"以"梦拓"小组为单位参与活动，更好地促进不同年级学生之间的情感交流，加强文化认同和文化融入。

（3）致真书院团委各部门深度参与，树立部门形象，助力致真书院团委各部门的招新活动，调动新生作为亲历者了解学生工作。

1. 2017 年 10 月 4 日，中秋之夜，致真书院喊你来团圆

2017 年 10 月 4 日，"沙航月，致真情"致真书院中秋团圆活动通过制作冰皮月饼、桌游、融冰游戏等环节，在中秋之夜将致真师生汇聚在一起，共赏圆月（图 71）。

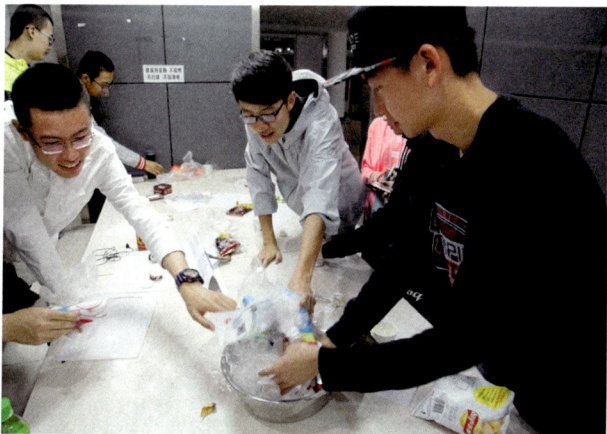

图 71　2017 年致真书院"中秋家宴"

"尘中见月心亦闲，况是清秋仙府间。"虽说月是故乡明，但致真书院大家庭给学生们带来的温暖和陪伴，让每一位无法归家的游子都感受到了家一般的美好。致真书院愿未来在每一个有致真书院学子的地方，月亮都能如中秋之夜这般圆润可爱。

2. 2018 年 9 月 21 日，你我再相逢，共度中秋夜

相逢又相见，共此明月光。银汉无声转玉盘。三秋恰半，谓之中秋。年年今夜，月华如练，长是人千里。虽说月是故乡明，虽然离乡千万里，但致真书院的游子之心却能渐渐放下——因为致真书院如家，此心安处，便是吾乡（图 72）。

图 72　2018 年致真书院"中秋家宴"

月桂枝头上，有人写下"但愿北航人长久，致真千里共婵娟"的祈愿；同学们细心择选荧光球，在星空瓶里制造出漫天星河；明信片上盖满了玩游戏换来的章，同学们可用来兑换月饼等各式奖品；学长学姐和致真书院院长王惠文亲手做了冰皮月饼，带着温柔的滋味（图 73）。

图 73　致真书院院长亲手制作月饼

3. 2019 年 9 月 12 日，**致情桂月，顾盼流真**

今夜月明人尽望，秋思辗转弄桂香。八月十五，适逢中秋，一场致真书院家族盛宴，让同学们在游戏中消缓思乡情，在欢愉中感受致真书院"家文化"。笑声飞扬，感动流转，温暖传递，同学们心存温情（图 74）。

图 74　2019 年致真书院"中秋家宴"

今夜西风走，明日待君归。东风不予时，唯留致真情。当夜无风，但是致真书院的桂香香飘十里。实是他乡遇故人。

4. 2020 年 9 月 30 日，**历坎坷凛冬散去，共此时皓月长明**

沙河的夜开始有了丝丝凉意。就在这样的夜里，9 月的最后一天，致真书院"中秋家宴"也在一轮圆月之下如期举行（图 75）。

图 75　2020 年致真书院"中秋家宴"

黑暗的教室像宇宙中的一角黑暗，而每个人手中的手电筒就像一颗颗星星一样照亮夜空。看着台下的星光点点，听着 400 多人齐唱的生日歌，以及收到来自那一方小小屏幕背后家乡妈妈的祝福，给人以奇妙的感觉。

这成为一段值得致真书院同学们永远反复回忆、品味的美好时光。

5. 2021 年 9 月 19 日，中秋宴星河舞月，致真家桂香萦怀

尘中见月心亦闲，况是致真仙府间。暖光悠悠照我影，此时应是开心颜。窗外雨蒙蒙，屋内情深深。"星河舞月·桂香萦怀"致真书院 2021 年"中秋家宴"欢乐进行，精心设计的趣味游戏，充满惊喜的内场活动，有致真书院相伴的中秋，同学们永远不会感到孤独！（图 76）

图 76　2021 年致真书院"中秋家宴"

家宴由写祝福明信片开始，惊喜就有了铺垫，同学们一进门便收到来自陌生同学的美好祝愿。同学们不期而遇，彼此祝福。真诚与温暖在字里行间氤氲，交结成致真书院未名的羁绊。

（五）社区文化节

截至 2021 年，致真书院"致真为家"社区文化节已经成功举办四届，旨在全面贯彻落实书院制社区建设的指导方针，培养舍友之间互助互爱、团结协作精神，营造良好的寝室文化氛围，营造"家文化、好学风、正气旋"的书院文化。社区文化节包含趣味运动会、社区吉尼斯、家风采等活动内容，学生以宿舍为单位参加。

1. 首届社区文化节

2018 年 4 月 2 日—5 月 1 日，致真书院举办了首届"致真为家"社区文化节，该届社区文化节设有家风采、家门面、家故事、家方圆四个活动环节。

2018 年 4 月 2 日，致真书院首届社区文化节开幕式在北航沙河校区 J3-210 教室顺利举行。致真书院执行院长闵敏、专职辅导员贾子超、兼职辅导员王瑛迪、事务助理刘忠翠以及致真书院2017级学生宿舍长约140人出席了开幕式，开幕式由贾子超主持（图77）。

图77 致真书院专职辅导员贾子超主持首届社区文化节开幕式

闵敏院长代表致真书院执行团队发表寄语（图78）。闵敏介绍了宿舍对于学生生活和学习的影响，希望同学们营造温暖、积极向上的宿舍氛围，还分享了自己曾作为宿舍长的经历与体会。

图78 致真书院执行院长闵敏发表寄语

2016年"北航榜样"青春榜样之星、计算机学院"桃园溪景"本科生寝室代表马元分享了宿舍成员的成就，讲述了宿舍风气。2017"北航榜样"青春榜样之星、仪器科学与光电工程学院"拓梦224"本科生寝室代表姚子升介绍了宿舍内的浓厚学习氛围、深厚的室友情，还以宿舍的风气带动班级、学院的氛围。

致真书院宿舍代表张伟杰表达了自己对宿舍建设的看法，他提出"让寝室成为最好的学习环境""从小家建设大家"。

致真书院大班社区委员高方远同学公示了2017—2018学年秋季学期卫生检查结果，致真书院社区管理中心副主任张亦弛同学介绍了致真书院首届社区文化节系列活动。至此，致真书院首届社区文化节开幕式圆满结束。

2. 第二届社区文化节

2018年9月22日—12月22日，致真书院举办了第二届"致真为家"社区文化节，该届社区文化节设有趣味运动会、社区吉尼斯、社区家风采三个活动环节。

2018年9月22日，致真书院第二届社区文化节开幕式在北航沙河校区J3-210教室顺利举行，致真书院执行团队人员、致真书院社区管理中心成员、"北航榜样"优秀宿舍代表和致真书院2017级优秀宿舍代表、致真书院全体寝室长约150人出席了开幕式，开幕式由兼职辅导员吴艳松主持。

首先进行的是执行院长寄语，致真书院院长闵敏从宿舍关系、好的学风、同学情谊三个方面进行讲述，最后闵敏还表达了对社区文化节的期待和祝福。

接下来是三位优秀宿舍代表的经验分享。王昊昕主要给同学们分享了"如何成为优秀宿舍的一员"，也就是如何让自己变得更加优秀。姚子升希望同学们以小家带动大家，参加班级活动，不能仅仅处于宿舍的"小圈"中，要以宿舍的风气来带动班级、致真书院的氛围。陈钒就学习、生活、娱乐等方面进行分享，描述了温暖、积极向上的宿舍关系和氛围，也传达出了致真学院"家文化"的理念。

优秀宿舍代表经验分享结束之后，致真书院社区部部长高方远介绍了第二届社区文化节系列活动。

至此，致真书院第二届社区文化节开幕式圆满结束。

2018年10月14日上午，致真书院第二届"致真为家"社区文化节趣味运动会正式举办（图79）。趣味运动会是社区文化节的一个重要环节，该次趣味运动会设有"四人三足""筷子夹乒乓球""螃蟹运气球"和"盆接键子"四个趣味游戏，同学们以宿舍为单位，自行组队参加。同学们在游戏前共同商讨战略战术，在游戏中共同解决面临问题，在游戏后共同总结制胜关键点。同学们在游戏中互帮互助，团结一致，同学情谊、宿舍感情大大提升。

图 79　致真书院第二届社区文化节趣味运动会剪影

3. 第三届社区文化节

2020 年 3 月 31 日—4 月 30 日，致真书院举办了"学党史，爱劳动——致真书院第三届'致真为家'社区文化节"，该届社区文化节设有"趣运会，沐春风""吉尼斯，绽春芳""扫旧秽，焕春意"三个活动环节。

2020 年 3 月 31 日，"学党史，爱劳动——致真书院第三届'致真为家'社区文化节开幕式"于北航沙河校区 J3–311 教室成功举办。该次开幕式以"学党史，爱劳动"为主题，以"微党课 + 经验分享"为活动形式，亦肃亦趣，寓教于乐，给各位宿舍长上了别开生面的一课。

致真书院专职辅导员毋艺臻谈道，致真书院是一个温馨的"大家"，而这个温馨的"大家"需要有许多个温馨的"小家"来组成和维护，希望同学们能在宿舍长的组织和带动下，互帮互助，团结友爱，彼此建立深厚的友谊，让同学们在未来的道路上携手走得更远，也将致真书院的"家文化"

传承下去（图 80）。

图 80   致真书院专职辅导员毋艺臻代表执行团队寄语

致真书院专职辅导员任豪从党史学习的主要脉络讲起，从开展背景、具体措施、奋斗历程和历史意义四个方面细致讲解了延安大生产运动（图 81）。延安大生产运动中党与人民体现出的不服输、敢拼搏、敢奋斗的革命精神使同学们颇受感动与鼓舞。

图 81   致真书院专职辅导员任豪进行劳动教育宣讲

2016 级学生张严文从学习、生活方面讲述了她所在宿舍良好风气的培养。2017 级学生孔德旭、孙伟泽及其全体宿舍成员为同学们带来了优秀宿舍经验分享（图 82）。

图 82　致真书院 2016 级学生张严文，2017 级学生孔德旭、孙伟泽进行分享

开幕式临近尾声，致真书院社区管理中心蔡云帆同学简要介绍了该届"致真为家"社区文化节的主要活动以及奖励机制（图 83）。

图 83　致真书院社区管理中心蔡云帆介绍活动内容

至此，致真书院第三届"致真为家"社区文化节开幕式圆满结束。

2021 年 4 月 14 日下午，"学党史，爱劳动——致真书院第三届'致真为家'社区文化节"趣味运动会在北航沙河校区体育场顺利举行（图 84）。

图 84　致真书院第三届社区文化节趣味运动会合影

趣味运动会是社区文化节的一个重要环节，该次趣味运动会设有"红心百分百""火种创丰收""巧渡金沙江""红日垫垫高"四个趣味游戏（图 85）。

图 85　致真书院第三届社区文化节趣味运动会剪影

4. 第四届社区文化节

2022 年 4 月 13 日—5 月 15 日，致真书院举办了"华诞七十，劳动创丰——致真书院第四届'致真为家'社区文化节"，该届社区文化节设有"趣运会，沐春风""吉尼斯，绽春芳""扫旧秽，焕春意"三个活动环节。

"华诞七十，劳动创丰——致真书院第四届'致真为家'社区文化节开

幕式"于 2022 年 4 月 13 日 14:00 在北航沙河校区"一站式"学生社区共
享空间 8-B110 顺利举行。致真书院执行团队成员、致真书院社区管理中心
成员、致真书院优秀宿舍代表、致真书院 2021 级学生宿舍套间长参加开幕
式。该次开幕式由致真书院兼职辅导员杨泽楷主持（图 86）。

图 86　致真书院兼职辅导员杨泽楷主持第四届社区文化节开幕式

　　致真书院执行院长闵敏代表执行团队寄语，通过讲述自己就读本科期
间在其寝室中发生的故事，表达室友间互帮互助的重要性以及大学宿舍生
活对人生之路的影响（图 87）。他表示，宿舍是同学们在学校学习生活中的
最小单元，希望同学们珍惜与舍友的情谊，建设积极向上的宿舍精神风貌，
形成良好的宿舍文化氛围。

图 87　致真书院执行院长闵敏发表寄语

致真书院专职辅导员王俊帅带来了题为《让青春在劳动中闪光——校史中的劳动教育》主题分享（图88）。王俊帅结合校舍自主建造、"北京一号"百日上天、服务重大志愿、深入社会实践等方面，展示劳动教育理论联系实际、促进全面发展的重要作用。

图88　致真书院专职辅导员王俊帅作主题分享

致真书院兼职辅导员徐婧雨、岳帅都表示，和谐的宿舍氛围在他们自身成长中都起到重要作用，互帮互助、分工协作是减少宿舍矛盾、促进宿舍和谐的有效方法（图89）。同时，同学们应给予室友回应与认同，相互包容、相互体谅，把宿舍当成温暖的港湾，像家一样用心维护。

图89　致真书院兼职辅导员徐婧雨、岳帅进行分享

致真书院社区管理中心聂佳威向同学们介绍了社区文化节的趣味运动会、宿舍吉尼斯、迎春大扫除等活动，并希望同学们踊跃参加（图90）。

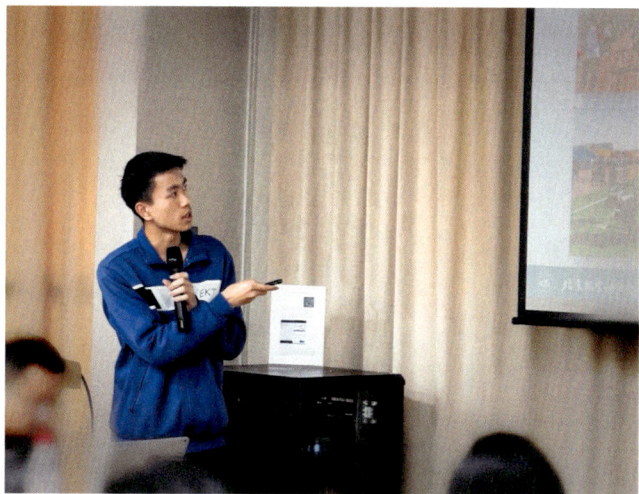

图 90 致真书院社区管理中心聂佳威介绍社区文化节活动内容

至此，致真书院第四届"致真为家"社区文化节开幕式圆满结束（图 91）。

图 91 致真书院第四届社区文化节开幕式合影

2022 年 4 月 24 日上午 10:00，"华诞七十，劳动创丰 10:00——致真书院第四届'致真为家'社区文化节"趣味运动会在北航沙河校区体育场顺利举行。

趣味运动会是社区文化节的一个重要环节，该次趣味运动会设有"汗水铸丰收""航梦垫垫高""乒乓显力量""机翼转不停""巧渡金沙江"五个趣味游戏（图 93）。

图 92　致真书院第四届社区文化节趣味运动会合影

图 93　致真书院第四届社区文化节—趣味运动会剪影

（六）歌咏比赛

1. 致真书院 2019 级歌咏比赛

为庆祝中华人民共和国成立 70 周年，弘扬以爱国主义为核心的民族精神和以改革创新为核心的时代精神，加强社会主义精神文明建设，培育和践行社会主义核心价值观，提升校园艺术氛围，丰富课余文化生活，表现致真书院学子爱国情怀与艺术风貌，加强致真书院班级团支部文化建设，培养班级同学团队协作意识，北航学院致真书院决定举办致真书院"歌

七十载华年 致永恒之真情"歌咏比赛（图94）。

图94　致真书院 2019 级歌咏比赛

2. 致真学院 2020 级歌咏比赛

秋风吹，扬帆起，星河浩荡，俱在我心！

致真学院 2020 级歌咏比赛相当于一次班级破冰活动。同学们认真画文化衫时的温馨画面让人感到温暖，创意无限地发挥不知造就了多少当代"梵高"；排练时同学们的羞涩感与距离感被时光渐渐消磨，同学们从开始时的"坚持沉默是金"，到后来不断提出有效建议，不断完善方案；当一群人向着同一个目标奔跑时，一个集体的力量可以大到无法想象。这一切，这一段闪着光的令人难忘日子，定会深深刻进同学们的脑海里。

每一个"致真人"就像一颗星星，独一无二，光芒璀璨。或许有时黯淡，或许有时迷茫，但"致真人"永远不怕孤单，也不怕迷路，因为一回头，就是致真书院——"致真人"永远明亮的星（图95）。

图95　致真书院 2020 级歌咏比赛

3. 致真书院 2021 级歌咏比赛

秋风萧瑟，秋雨微凉，白雾破晓，身披朝露满霜，百年兼程，初心不忘，薪火不熄，任他秋意绵长。从 9 月下旬到 10 月中旬，历经两周时光，摘星者们在文化衫上绘出班级特色，用视频剪辑出班级风采，在排练中感受班级温情。终于，在 2021 年 10 月 13 日下午，15 组不同的精彩演唱在咏曼剧场的舞台上演，摘星者们用最真挚的歌声唱出自己对新时代的百年回答，少年的热血与诗都徜徉在歌声之中（图96）。

图96 致真书院2021级歌咏比赛

台上主持人手握麦克风，微笑着掌控全场；台下快门声四起，光照向舞台中央；台前有精彩绝伦的演出，台后有志愿者们无私地付出。历经一个月，文化衫绘制创新意，小班排练凝班魂。同学们用两周光阴打磨出给致真书院的完美答卷。2177，薪火不熄。在秋日里，摘星者们用最真挚的歌声向未来给出自己的回答。"致真人"用内心深处永远燃烧、永远炽热的火苗，在求真探索的道路上毅然前行，也许偶尔失落，也许偶尔迷惘，但不论何时，致真书院的星海会永远陪伴在学子身后，而少年的学子们，只待长风破浪！

（七）致真星夜

"致真星夜"是由致真书院学生会原创，旨在丰富学生课余生活、展现学生青春风采、传承致真书院优良文化的大型文艺晚会。作为致真书院的品牌项目，"致真星夜"在全校范围内享有极高的知名度和认可度，每次举办都热闹非凡。晚会涵盖歌曲、舞蹈、相声、小品、魔术、诗朗诵等众多节目形式，拥有高品质的灯光、音响、舞台、道具效果，为才华横溢的致真书院学子们提供了量身定制的展示平台。"致真星夜"始终围绕"家文化，好学风，正气旋"的书院文化展开创作，让致真书院的每颗"星"闪亮夜空！

2017年是致真书院成立的第一年，这一年的晚会也是首届"致真星夜"活动，书院上下乃至北航全校师生都给予了充分重视。在2017年的"致真星夜"晚会上，到场嘉宾有致真书院院长王惠文，经济管理学院副院长牟晖，化学学院朱英教授，致真书院执行院长闵敏，2017级各班班主任、学业导师、教师、辅导员与家长代表。北航学子和清华大学、中国石油大学、中国化工大学、中国矿业大学、北京医科大学、北京理工大学、北京农业大学的学生代表们也参加了本次晚会，共千余人到场。每一位"致真星夜"背后的工作人员都打起十二分的精神，一颗颗充满热情的心化作闪耀的星星，点亮了当晚的夜空，温暖了当日渐寒的风。该次"致真星夜"活动圆满成功，在每一位创建者心中留下一段美好的回忆（图97）。从此之后，"致真星夜"成为所有"致真人"共同的期待。

图97　致真书院2017级"致真星夜"

有了第一届"致真星夜"的铺垫，2018年第二届"致真星夜"承载了广泛的期待。终于，在一个风清月皎的夜晚，"致真星夜"拨开星光，款款走来。相较第一届"致真星夜"，该次晚会节目形式更加多样，每一名同学都能沉浸其中，尽情享受这份来自青春的欢愉。那一夜，每一名航行者都化为"追星星的人"，捧着双手星光熠熠，点亮他们之后的梦境（图98）。

图98　致真书院2018级"致真星夜"

2019年的"致真星夜"同样充满惊喜，欢笑、惊艳、赞叹的神情洋溢在每一名筑梦者脸上。这一年与往年不同的是，从排练到汇演，每个人都少了些许紧张，多了许多享受。每一名"致真人"都习惯了"致真星夜"如约而至地陪伴，习惯了那日原本寒冷的夜风也会变得温暖如春。这一年的"致真星夜"正好于冬至举办，让这场晚会多了些许团圆的意味，每一名"致真人"都感受到了家的温暖（图99）。

图99　致真书院2019级"致真星夜"

2020年注定是不平凡的一年，突如其来的新冠肺炎疫情打乱了原本的"致真星夜"计划，在所有人的惋惜与不甘里，"致真星夜"被迫推迟。好在第二学期新冠肺炎疫情形势暂缓，"致真星夜"终于在万众期待中重新启动，"星光杂货铺"穿过重重阻碍与大家见面（图100）。从隆冬的霜雪未残，到初夏的蝉鸣渐起，时间没有磨灭同学们的热情，反而让每一名拓新者的期待进一步发酵。这一年的"致真星夜",也成了每一名"致真人"无法忘怀的回忆。

图100　致真书院 2020 级"致真星夜"

不同于 2020 年"致真星夜"的命运多舛,2021 年"致真星夜"和每一名摘星者如约会面(图 101)。听多了学长学姐的介绍,致真书院 2021 级的新生们都对"致真星夜"充满期待,不少多才多艺的同学也积极参加,在舞台上留下了自己的身影。在这个寒风冷冽的夜晚,摘星者们用自己洋溢的热情点亮了整片星空,用不灭的激情回应了青春无悔。"致真星夜"是"致真人"与每一个冬日不变的约定,也是致真书院"家文化"永远的传承。相信每一年的"致真星夜"都能越办越好。

图101　致真书院 2021 级"致真星夜"

从 1777 到 2177,"致真星夜"点亮五届"致真人"的记忆,时间像是在被"致真人"回溯。穿越星河,"致真人"彼此相遇,交接青春的记忆(图 102)。

图 102　致真书院 1777—2177 "致真星夜" 精彩回眸

（八）致真榜样

为贯彻落实全国教育大会、全国高校思想政治工作会议和北航第十六次党员代表大会精神，充分发挥先进典型人物的示范引领作用，激励学生在校期间勤奋学习、刻苦钻研，品学兼优、全面发展，培育学生成为理想高远、学识一流、胸怀寰宇、致真唯实的领军领导人才，特设立北航致真书院年度人物——"致真榜样"评选，作为致真书院所设的学生最高荣誉，服务于学校"双一流"建设。

"致真榜样"旨在评选出综合素质优异、具有榜样引领作用的学生，评选基本条件包括成绩优异，积极参加学校各项活动且表现突出，积极参与科研竞赛、社会公益服务且表现突出，申请人学习成绩排名至少在致真书院前10%。

"致真榜样"具体评选出以下11个奖项。

"致远行舟之星"取自"学海无涯苦作舟"，意喻勤奋刻苦，志存高远，学海行舟，勇往直前。该奖项旨在评选出学习成绩优异，并在学业方面起到帮扶引领作用的学生。

"修怀为公之星"，修是"修缮、维护"之意，怀乃"心怀"之意；意喻甘于奉献、无私为公，于工作笃行之中修养心怀。该奖项旨在评选出积极参与社会工作，并具有良好群众基础的学生。

"志诣云汉之星"，云汉即"银河"，意喻志存高远。该奖项旨在评选出在科技竞赛、学科竞赛中勇于创新、取得优异成绩的学生。

"愫锦亲行之星"，愫是"诚挚"之意，锦是"繁华美好"之意；意喻带着诚挚的感情该奖项旨在评选出积极参与志愿服务和社会实践，起到榜样引领作用的学生。

"墨雅御匠之星"，墨雅，即"文笔好"，对应"文"；御匠，即"统御匠心"，艺术追求匠心，对应"艺"。该奖项旨在评选出积极参与音乐、美术等文艺活动并取得突出成绩的学生。

"勤健善工之星"，就是指勤于运动，身体健康，体现教育大会要求的"体"和"劳"。该奖项旨在评选出积极参与体育活动及比赛并取得突出成绩的学生。

"砥砺奋进之星"，旨在评选出在学习方面刻苦努力，进步特别突出的学生。

"和衷明理之星"，和衷意为"团结和睦"，意喻少数民族同胞团结一致，众志成城。该奖项旨在评选出促进民族团结进步，在学习生活、科技创新、社会实践等方面有突出表现的少数民族学生。

自强求真之星：旨在评选书院注册经济困难生中奋发自强，立志成才，起到良好示范作用的同学。

同心协契之星：旨在评选致真书院优秀团队，如实践队、球队、宿舍、小班、社团等团队。

1. 致真书院2017级"致真榜样"评选

2019年3月27日下午，北航致真书院在沙河校区咏曼剧场举行了"致真榜样评审暨表彰大会"（图103）。致真书院院长王惠文，执行院长闵敏，理科大类专业学院副书记丁丁、王雷华、张绍丽，致真书院2017级班主任导师代表陈向东、苏文平、高秋明以及致真书院执行团队全体成员出席了大会。致真书院2017级、2018级学生代表参加了大会。

图103 2017级"致真榜样评审暨表彰大会"

"致真榜样"参评者答辩结束后，致真书院执行团队全体老师为获奖学生颁发了致真书院年度荣誉，包括2017—2018学年致真书院优良学风班、2017—2018学年致真书院三好学生、2017—2018学年致真书院优秀学生干部、致真书院优秀学业伙伴、致真书院本科生学业顾问聘书。

王惠文院长肯定了致真书院 2017 级学生的成绩，高度评价他们为"致真优秀的开创者"。与此同时，王惠文鼓励 2018 级致真书院大一学生向这些"致真榜样"看齐，弘扬"好学风，家文化，正气旋"的书院精神，全面地锻炼自己，积极成长，成为优秀的"致真人"。

2. 致真书院 2018 级 & 2019 级"致真榜样"评选

2021 年 3 月 27 日下午，"2021 致真榜样评选表彰大会暨金路通奖助学金捐赠仪式"在北航沙河校区咏曼剧场举行。唐山金路通商贸有限公司董事长翟羽山，致真书院院长王惠文，北航教育基金会秘书长颜江芬，北航经济管理学院教授黄劲松、自动化科学与电气工程学院党委副书记贾子超、数学科学学院党委副书记曾煜、化学学院党委副书记张绍丽、空间与环境学院党委副书记丁永斌、致真书院执行院长闵敏、化学学院团委书记魏茜、物理学院专职辅导员宋树洋，以及致真书院执行团队全体成员代表出席活动。致真书院 2018 级、2019 级学生代表参加了大会。

"致真榜样"参评者答辩结束后，大会进行金路通奖助学金捐赠仪式。

为支持北航教育事业发展，激励在校大学生勤奋学习，刻苦钻研，唐山金路通商贸有限公司自 2021 年起，在北航致真书院设立"金路通奖助学金"，每年捐赠 10 万元（奖学金、助学金各 5 万元）。

致真书院执行院长闵敏首先宣读了致真书院关于金路通奖助学金的执行计划（图 104）。

图 104　致真书院执行院长闵敏宣读致真书院关于金路通奖助学金执行计划

北航教育基金会秘书长颜江芬、致真书院院长王惠文为唐山金路通商贸有限公司颁发捐赠证书和纪念牌匾（图 105）。

图 105　致真书院金路通奖助学金捐赠仪式

捐赠仪式后，翟羽山董事长为同学们献上了一段精彩且富有感染力的讲话（图 106）。讲话中，翟羽山从自身经历讲起。当年唐山大地震导致他的家庭出现巨大变故，他从小就感受到党和国家对他的关怀。正因如此，他立下"努力工作、勤奋学习、回馈社会"的愿望。从在国企工作到自主创业，翟羽山用实际行动践行着"只要坚定信心，克服困难，不断学习和完善提高，将每一件事情做好，就一定能够有好的收获"！

图 106　唐山金路通商贸有限公司董事长翟羽山讲话

之后，翟羽山表示，除了奖助学金捐赠，也愿意同致真书院建立合作研究项目，促进科研成果转化项目落地，实现共同发展。

最后，翟羽山向同学们提出了三句寄语："一是要规划好未来，既要树立远大理想，又要学好专业服，脚踏实地；二是要克服一切困难，排除干扰，勤奋学习，增长知识，积蓄能量，厚积薄发；三是要经营好人生，走好每一步，将今天的事情当作一生的事业去做，将个人的发展当作品牌去经营。同学们，学习永远是最好的、"稳赚不赔"的投资，知识的储备是一生最大的资本积累，只要我们选准正确的方向、找准定位、确定目标、锲而不舍、持续努力，一定会结出灿烂硕果。"

接下来，致真书院院长王惠文作了讲话（图107）。王惠文首先感谢了在场嘉宾、老师、同学们的到来，尤其感谢唐山金路通商贸有限公司董事长翟羽山的出席。回望这一年，有诸多坎坷，但有更多回忆，王惠文对新冠肺炎疫情期间同学们积极参与志愿活动给予了极大的肯定，师生一起经受住了新冠肺炎疫情的考验，终于迎来了春天。

图107　致真书院院长王惠文讲话

王惠文表示，在致真书院的四年，是最美好的一段时光，在"致真人"共同的努力下，师生建立起了"家文化、好学风、正气旋"的书院文化，同时，这份文化也激励着一代又一代"致真人"不断进步，成长为致真书院的点点星光。榜样的力量是无穷的，王惠文对当天答辩的选手们给予了相当大的肯定，对同学们分享的故事有着很深的感触，同时，寄语 2020 级的同学们，希望同学们能在榜样力量的引领下奋斗出属于自己的精彩，也把致真书院的文化不断传承下去。

此次活动历时约四小时（图 108），台上的学生讲着自己与致真书院的故事，台下的学生明白了榜样的力量，这是自我激励的动力，也是坚定前行的目标。致真少年，努力，成为星光吧！

图 108　2018 级 &2019 级"致真榜样"评审表彰大会暨金路通奖助学金捐赠仪式

3. 致真书院 2020 级"致真榜样"评选

"2022 致真榜样评选暨金路通奖助学金表彰大会"于 2022 年 4 月 23 日上午在北航沙河校区咏曼剧场举行。25 人次的 2077 拓新者们现场答辩，讲述在致真书院的成长故事，拔节内心成长力量。致真书院院长王惠文、北航数学科学学院党委副书记曾煜、致真书院执行院长闵敏，以及致真书院执行团队全体成员出席评选会并担任教师评委。28 名致真书院 2021 级各小班学生代表担任学生评委。根据教师评审和学生代表评审的评分，2022 年"致真榜样"获奖名单产生，到场的嘉宾为获奖人颁发获奖证书和奖杯。

图 109　2022 致真榜样评选暨金路通奖助学金表彰大会

颁奖结束后，王惠文院长讲述了致真书院 2019 级学生常堃的故事，并与同学们分享了自己的两点感受：一是平常的生活不是随随便便得来的；二是常堃同学也成了她心中明亮的榜样，往后无论遇到什么困难和挫折，她都能勇敢面对和坚持。王惠文表示很高兴看到"家文化，好学风，正气旋"的致真书院文化能深入人心。最后，她回想自己的工作经历和在致真书院工作的五年，表示很幸运遇到优秀的同事和学生们，也希望自己能继续慢慢地"读""懂"学生，希望"家文化、好学风、正气旋"的致真书院文化能传承不断，希望致真书院的学子们能乘风破浪，不断向前。

4. 致真书院 2021 级"致真榜样"评选

2023 年 3 月 15 日下午，"2023 年致真榜样评审会暨金路通奖助学金表彰大会"顺利举行（图 110）。30 位摘星者回到致真书院，讲述有关温暖、有关成长、有关薪火不熄的致真书院故事。

图 110　2023 年致真榜样评审会暨金路通奖助学金表彰大会

金路通商贸有限公司董事长翟羽山，致真书院院长刘志新，北航数学科学学院党委副书记曾煜、致真书院执行院长闵敏、化学学院团委书记魏茜、经济管理学院专职辅导员衣萌、物理学院专职辅导员宋树洋、空间与环境学院兼职辅导员张纯铭，以及致真书院执行团队全体成员共同担任教师评委。致真书院 28 名乘风者担任学生评委，与现场观众共同见证 2023 年度"致真榜样"的诞生。

参评学生展示结束后，金路通商贸有限公司董事长翟羽山为 2022 年金路通奖学金和金路通励志奖学金获得者颁奖，并讲述了自身不怕苦不怕累的奋斗故事（图 111）。他希望各位乘风者树立目标、找准方向；合理作息、健康生活；珍惜时间、踏实奋斗。根据教师评审和学生代表评审的评分，2023 年"致真榜样"获奖名单产生，现场的嘉宾为获奖的摘星者颁奖。

图 111　金路通商贸有限公司董事长翟羽山讲话

最后，致真书院院长刘志新致辞总结（图 112）。刘志新代表致真书院衷心感谢翟羽山董事长对教育事业的关心与支持，同时表示很高兴能在各位摘星者身上看到"家文化，好学风，正气旋"的致真书院文化和专业学院的用心栽培。他希望各位摘星者和乘风者继续寻找榜样的力量，奋斗出属于自己的青春色彩，把"家文化、好学风、正气旋"的致真文化不断传承下去。

图 112　致真书院院长刘志新致辞总结

（九）体育活动

1. "砥砺杯"篮球比赛

为丰富致真书院大一学生的课外生活，加强致真书院同学们之间的友谊，让学生共同品尝胜利的喜悦，选拔一批对篮球感兴趣的致真书院新生，培养致真书院篮球俱乐部的接班人，致真书院每年举办"砥砺杯"篮球比赛。

（1）第一届"砥砺杯"

2017 年 10 月 21 日，第一届"砥砺杯"篮球赛如约而至。致真书院学子积极参与，经过几天的比拼，"砥砺杯"决赛于 2017 年 12 月 26 日举行。对战双方（13 班、14 班）腹肌队：（19 班、20 班）才子队，比赛最终以 55∶44 结束，腹肌队以 11 分优势豪取冠军，才子队获得亚军。致真书院院长闵敏为获奖队伍颁奖，致真书院"砥砺杯"新生篮球赛完满收官（图 113）。

图 113　致真书院"砥砺杯"新生篮球赛合影

（2）第二届"砥砺杯"

2018 年 10 月 20 日上午 9:00，第二届致真书院"砥砺杯"新生篮球赛正式开赛。经过 5 天激烈比拼，最终较量出冠军队伍 25-26-26 联队。

图 114　致真书院第二届"砥砺杯"新生篮球赛精彩瞬间

随着不断的更新迭代，新生杯的项目在篮球基础上又扩充了足球、排球。

2. 俱乐部

（1）足球、篮球俱乐部

2018 年 3 月 7 日，经过一学期的酝酿，致真书院足球俱乐部和致真书院篮球俱乐部以兴趣部落的形式面向全书院开始招新。俱乐部可以作为现如今致真书院足球队、篮球队的前身，经过不断换届纳新，已经成为致真书院能抗能打的体育队伍。在每年北航组织的新生杯中，致真书院院队都能取得优异的成绩。

（2）排球俱乐部

致真书院排球队正式成立于 2018 年 10 月 30 日，建立之初共招募 2018级男队队员 11 人、女队队员 7 人，后补招女队 1 人。其后，以 2018 级学生为基础的队伍在北航校内组建排球俱乐部，正逐渐成为校内一支极富有影响力的体育类社团，吸引各个学院的排球爱好者加入，俱乐部积极参加各项活动，屡创佳绩（图 115）。

图 115   致真书院排球俱乐部所获荣誉

3. 致真王者

（1）第一届"致真王者"

为了让同学们重新拾起运动热情，在气温回暖、万物复苏的时刻找回久违的青春活力，在学生会主办、致真书院学生会体育部承办下，致真书院于 2018 年 3 月 25 日发布首届"致真王者"个人竞技系列比赛的企划，希望同学们能在春意盎然中感受体育的魅力。

2018 年 4 月 3 日，致真书院体育文化节乒乓球比赛落下帷幕，林清昊、李春晖、贾宇晨三位同学分别获得此次比赛的冠、亚、季军（图 116）。此次乒乓球大赛活跃了校园生活气氛，丰富了同学们的课余文化生活，为同学们彼此了解、相互信任架起一座桥梁，更提升了致真书院的文化氛围，也使同学们更加懂得了合作的必要性以及部门团结的力量，更增进了同学之间的友谊和互动。

图 116   致真书院体育文化节乒乓球比赛冠、亚、季军合影

（2）第二届"致真王者"

2019 年 10 月 10—26 日，历时半月有余，致真学院第二届"致真王者"的单项赛，经过篮球、羽毛球、乒乓球三个大项近百场精彩激烈的比赛后圆满落下帷幕，无数美妙难忘的时刻烙印在同学们记忆的深处。

在女篮比赛中，11/20 联队获得冠军，19/21 联队获得亚军，12/13/18 联队获得季军（图 117）。

图 117　女篮比赛冠、亚、季军合影

男篮比赛中，陈彦廷、杜承朔、何佶根、匡正、李世博、武潇、杨志成、叶尔那尔团队获得冠军（图 118）；陈冠雄、达英、窦嘉祺、高子昂、赖定为、黎家豪、李辰雨、李铎、刘龙晖、刘海宁、索朗顿珠、赵司晨团队获得亚军（图 119）；14/24 联队获得季军（图 120）。

图 118　男篮比赛冠军合影

图 119　男篮比赛亚军合影

图 120　男篮比赛季军合影

羽毛球比赛中，14 班、19 班、26 班分别获得冠、亚、季军。

图 121　羽毛球比赛获奖学生合影

乒乓球比赛中，男子单打的冠、亚、季军分别是 13 班王赵安（图 122）、22 班刘扬笑、22 班李浩源；女子单打的冠、亚、季军分别是 25 班邓雅恒（图 123）、24 班王誉静、13 班徐逸伦；男女混双的冠、亚、季军分别是 25 班邓雅恒、刘子谦（图 124），24 班王誉静、任一帆，13 班殷满玲、沈梓航。

图 122　乒乓球比赛男子单打冠军

图 123　乒乓球比赛女子单打冠军

图 124　乒乓球比赛男女混双冠军

（3）第三届"致真王者"

为使同学们更好地融入大学环境，增进同学之间的感情，让同学们尽快适应大学生活，由致真书院学生会体育部主办的第三届"致真王者"——王者传说在 2020 年 10 月中旬拉开帷幕。

经过激烈的角逐，"致真王者"挑战赛最终迎来收官之战。精彩的篮球赛让人直呼过瘾，每一次犀利的突破上篮，每一次精准的投射绝杀，无不点燃了现场观众的热情呐喊。16–23 班队（图 125）、19 班队（图 126）、11–15 班队（图 127）分别获得男篮比赛冠、亚、季军，21–23 班队（图 128）、16 班队（图 129）、20–22 班队（图 130）获得女篮比赛冠亚季军。

图 125　男篮比赛冠军合影

图 126　男篮比赛亚军合影

图 127　男篮比赛季军合影

图 128　女篮比赛冠军合影

图 129　女篮比赛亚军合影

图 130   女篮比赛季军合影

（4）第四届"致真王者"

从暑热未退到秋风萧瑟，为争夺第四届"致真王者"决赛入场券，一支支球队经历了无数次激烈角逐，从白天到深夜，在北航沙河校区西区球场上，队员们轻捷的步伐永不停歇。

总决赛中，球场上浓云密布，前来观战的同学们早已抑制不住内心的激动，加油助威的呐喊如浪潮席卷全场。球员们眉头紧锁，坚毅的目光将对手手中的篮球死死锁定，瞅准机会，健步上前，漂亮的截击又一次将场外观众的激情引爆。狭路相逢勇者胜，12-22 队最终拉开比分，夺得桂冠（图 131）。天色渐暗，迟暮笼罩着远山与楼宇，但同学们的心中是阳光明媚，因为每一个人都展现出了最好的自己。

图 131   篮球比赛冠军留影

正式比赛精彩纷呈，娱乐赛同样抓人眼球。考虑到同学们的篮球水平存在差距，策划组在确定"致真王者"篮球赛赛制时推陈出新，将三分赛、投篮赛和单挑赛这三个项目设计到娱乐赛中。

在最紧张刺激的单挑赛中，选手们展开了激烈的比拼，在球场上，大家尽情展示自己的风采，将对胜利的渴望、对运动的热爱倾注在比赛中。

4. 校运会

（1）第五十六届校运会

2017年10月29日，致真书院与经济管理学院共同承办北京航空航天大学第五十六届学生运动会（第五十六届校运会）。作为承办方，致真书院的学生全员出动，不仅在短短的五天时间内出色地完成了组织工作，还在比赛中取得了包括广播操一等奖等奖项的全校最优异的成绩（图132）。

图132　第五十六届校运会广播操奖牌

致真书院的同学们包揽了100米和400米的男女共四项接力赛的冠军及多个季、亚军，每个"致真人"都是当之无愧的第一名！

（2）第五十七届校运会

2018年10月27日，北京航空航天大学第五十七届学生运动会（第五十七届校运会）顺利举办，该届校运会由校体委、沙河校区管委会、学生处、校团委、北航学院共同主办，致真书院承办。北航校长助理王荣桥，沙河校区管委会、沙河校区体育部党委、学生处、校团委、校体育部负责人，致真书院、守锷书院、知行书院执行院长出席了开幕式。

正值北京航空航天大学建校66周年，"六十六华诞风雨兼程，二十一世纪宏图再展"！作为北航66周年校庆系列活动之一，校运会的召开是送给学校的一份精心准备的生日礼物，运动健儿拼搏奋发的青春力量也是对学校美好的祝福。

在所有运动员的努力下，致真书院代表团取得了极其优异的成绩，获得了包括男子团体总分第二名、女子团体总分第一名、团体总分第二名、广播操第一名、入场式第一名在内的多项荣誉（图133）。

图133　第五十七届校运会奖牌

（3）第五十八届校运会

2019年10月27日，随着晨光逐渐洒满北航沙河校区校园，北京航空航天大学第五十八届学生运动会（第五十八届校运会）渐渐拉开帷幕。

来自37个院系的1 219名运动员在田径场上肆意挥洒汗水，年轻的心有力地跳动着，运动员们努力去冲刺、去飞跃、去拼搏、去绘制青春最美的画卷。

北航行进管乐团进行开场表演，而全场最惊艳的时刻莫过于手持"北航致真"方牌的方阵出场了（图134）。那是七次合计十几个小时训练的结果，是每一个参与者心血的结晶。

图134　致真书院学子方阵入场式留影

方阵队员穿着的文化衫上，小小的扇子，舞动岁月，激情万丈；蓝蓝的扇面，彰显致真书院少年空天报国梦（图135）。今日致真书院少年以北航为荣，他日，北航必以致真书院少年为傲。

图135　入场式方阵团队合影

（4）第五十九届校运会

2020年10月25日，盛夏忽已尽，深秋啼声来。北航温暖的光，凉爽的风，令大片大片的金黄舞动。你我都知道，秋天也在盼着今天。北京航空航天大学第五十九届学生运动会（第五十九届校运会）隆重开幕（图136）。鲜衣怒马，学子们是气宇轩昂的少年郎；拼搏奋斗，学子们是铁骨铮铮的北航人！专注学业也不忘锻炼体魄，他们在努力发扬体育精神。

图136   北京航空航天大学第五十九届学生运动会

致真书院在该次校运会上取得了团体总分季军的好成绩。

（5）第六十届校运会

2022年10月29日，北京航空航天大学第六十届师生运动会（第六十届校运会）如约而至，该次运动会为首届师生运动会，其中沙河校区分赛场由致真书院与宇航学院共同承办。从物资准备到赛程播报，从现场维稳到礼仪颁奖，致真书院的学子们积极参与到校运会的每一个环节中。

此外，致真书院运动健儿们的身影更是出现在各竞赛项目、趣味项目、"七十周年"纪念跑中。最终，致真书院获得了"七十周年"纪念跑一等奖、广播操一等奖、最佳组织奖等多个奖项。

5. 致真夜跑

夜跑，跑的是心境，跑的是情怀。有许多时候，人们不是不想锻炼，而是因为找不到一起锻炼的人，懒惰也就由此滋生。"致真夜跑"便帮助同学们寻觅了一批有着共同想法的人，给同学们一个锻炼的契机，给同学们一个锻炼的动力，让同学们的懒惰失去的"生长的土壤"。

2018年4月24日，致真书院学生会体育部面向致真书院全体本科生发布首届"致真夜跑"企划，同学们踊跃参与，活动最终圆满结束。

2019 年 3 月 12 日，第二届"致真夜跑"活动正式开幕，在这个特别的植树节里，各位辅导员和致真书院体育部成员带领同学们在操场上种下一棵棵"跑步的小树"（图 137）。

图 137　第二届"致真夜跑"活动留影

暖春三月，阳光正好，柳絮飘飞。恰是鲜衣怒马少年郎，正将大好春光塑未来。2021 年 4 月 14 日，"健康跑，忆长征"——第三届"致真夜跑"开幕式在北航沙河校区沙航田径场上隆重举办（图 138）。此次开幕式以"健康跑，忆长征"为活动主题，采用"微党课＋活动细则介绍＋集体签名留影"的活动形式，为每一个参加开幕式的同学带来了收获颇丰的下午时光。

图 138　第三届"致真夜跑"留影

　　"忆党史，沐春风"，致真书院专职辅导员任豪为同学们简要讲述党史的四个历史时期对于中国的意义（图139）。接着，他主要介绍新民主革命时期的红军长征，讲解从"为什么要进行红军长征""中央红军二万五千里长征的进程"和"红军长征的历史意义和长征精神"三个方面展开。

图139　致真书院专职辅导员任豪讲微党课

　　"润物细无声"，同学们在充满激情和力量的讲述中回顾那段峥嵘岁月，被长征精神深深打动，更加珍惜现在的美好，也更愿意用自己的青春去建设伟大的祖国。

　　"文明其精神，野蛮其体魄"一句最早源于毛泽东同志的《体育之研究》，习近平总书记在安康市调研时表示自己对"现在孩子戴眼镜普遍化"的现象感到担忧，提出"野蛮其体魄，就是强身健体"。因此，带领同学们学习长征精神，锻炼身体，是这一届"致真夜跑"的初衷。

　　"少年强，则国强"，强壮的身体不仅是个人奋斗的本钱，也是推动国家枝繁叶茂的重要力量。如今，正值百年之大变局，北航的学子们不但要醉心于学业和学术研究，而且要关注个人身体健康。青年的未来，就是国家的未来，国家需要的是能够"为祖国健康工作五十年"的每一位拓新者。

（十）校庆嘉年华

2017 年 10 月 28 日，盼望已久的北航 65 周年校庆嘉年华终于在周六的寒风中举行，虽然寒风凛冽，但同学们火一般的热情是风不灭的。致真书院的同学们为大家准备了诱人的饕餮盛宴。致真书院院长王惠文也亲临现场。

1952 年，是北航人不能忘记的年份；10 月 25 日，是北航人不会忘记的日子。不知不觉，北航已经走过了 65 个年头，在对于人类而言已步入老年的年纪正焕发荣光，创造辉煌。风大不要紧，重要的是，同学们用自己的热情、欢声笑语和激情给北航母亲的 65 岁华诞献上贺礼。北航学子将以更加昂扬的姿态书写北航新篇章！

图 140　致真书院院长王惠文莅临校庆嘉年华现场

2018 年 10 月 25 日，欢颜笑语再次响起。

"挑战 666"，计时器上跳跃的数字，闪动的红光，毫秒之差，谁能成就 6.6666 的瞬间？这是"争夺致真最 6"的现场，谁才是人海中的锦鲤？

"飞花令 & 鬼畜对诗"，谁说理科大类的致真书院学子只会数理化，同学们还能吟诗作对，毕竟此等风雅之事怎少得了理科实验班的少男少女？

2018 年 10 月 25 日 14 时，校庆"致真锦鲤"开奖活动隆重开始！致真书院辅导员方泽华在万众瞩目之下打开摇奖机，抽出致真书院最幸运的那颗小球，宣布了致真书院最幸运的"锦鲤"。

2019 年 10 月 25 日，北航 67 周年校庆，致真书院与北航同在。

六十七载栉风沐雨，六十七载春华秋实。从筚路蓝缕到圆梦蓝天，从百废待兴到成果迭出。这是六十七代北航人的奋斗历史，致真书院学子也必将发扬传承，续写华章！

"我和我的祖国，我和我的北航"。一面展板，两幅立绘，四个摊位，七项活动。致真书院的校庆外场呈现七个篇章，致敬祖国，献礼北航（图141）。

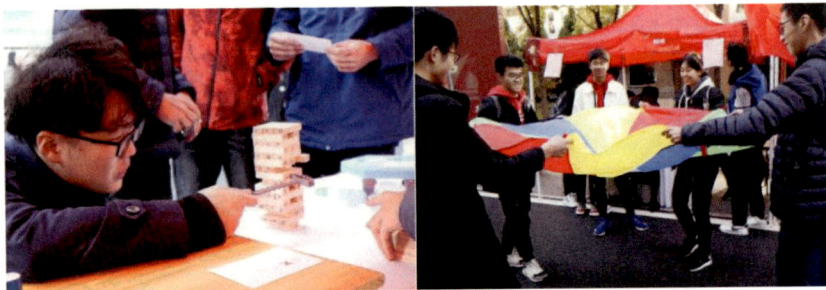

图141   北航校庆嘉年华游戏现场

同学们在祖国和北航走过的辉煌岁月里，感受着岁月变迁的一点一滴，通过知识竞答的题目回顾令人铭记的历史。

2020年10月25日，致真书院校庆外场热闹非凡。

针管、医生、数字6、数字8、字母BHZZ的形状，感恩抗疫之情、北航校庆之喜、归属致真之爱（图142）。

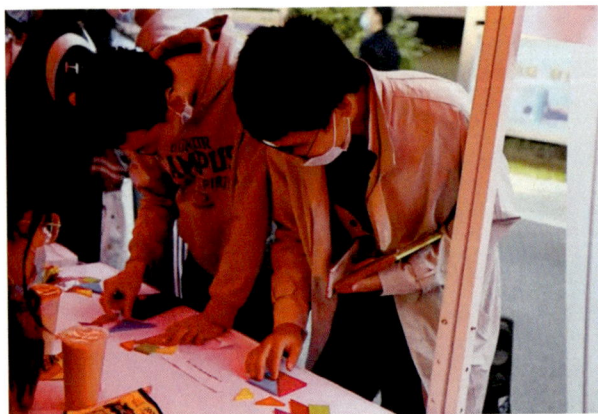

图142   校庆嘉年华游戏现场

校训石、教学楼、航概妹、小雕像、秋天里慢慢变黄的银杏叶、建筑地点、健身的设备 …… 它们安安静静地待在那里，似乎从未被关注过。在北航 68 周岁这一天，学子们认真为它们照一次相。当同学们也是耄耋之年的时候回想起，将感慨一声："嘿！那是我的青春时光！"

图 143　校庆嘉年华签字板

2021 年 10 月 25 日，致真书院围绕"陆玖致情耀北辰，百年真心再航行"的主题开展 2021 年的校庆嘉年华活动，为北航庆生的同时，倡导百年精神，增强同学们的爱国爱党热情，带领同学们感受北航的发展与变革。

六十九载航行不歇，这个诞辰，北航依旧满载欢笑与活力；辉煌百年前行未止，先辈在前，未来需要你我共同书写，陆玖致情耀北辰，百年真心再航行。

百年历史，有困厄亦有辉煌。六十九年航行，有离别亦有相聚。同学们铭记过去，所以不畏探索路上的回环曲折；同学们迎向未来，满怀着真切的热情，也对世界致以全部的敬意。

（十一）军　训

1. 2017 级学生军训

2017 年 9 月 11—24 日，致真书院 2017 级学生开展了为期 14 天的军训。

自开营以来，军训期间各项工作有条不紊地分批、分类、分组展开。

连队训练强度循序渐进。2017 年 9 月 24 日，闭营仪式隆重召开。北航党委书记张军书记、北航校长徐惠彬等领导参加仪式，观看学生们军训 14 天的成果。学生们依次表演分列式、军体拳、匕首操、盾牌警棍操、军乐旗语等，展现出北航学子的蓬勃朝气。在整个军训过程中，各书院、学院高度重视，积极投入，组织得力。全体带队干部与教官密切配合，突出人文关怀，颇有实效。学校各相关部门通力合作，为军训提供了坚强保障。全体承训官兵发扬中国人民解放军战略支援部队航天工程大学（简称"航天工程大学"）的优良传统和作风，精心组织，严格要求，科学施训，率先垂范，以饱满的热情、严谨的作风、一往无前的军人品质影响带动着同学们，确保了军训工作的顺利完成。

2017 年 9 月 18 日上午，致真书院及对应专业学院院领导和老师莅临北京航空航天大学军训训练基地进行视察与慰问，使辛苦训练中的同学们感受到了来自学校与致真书院的关怀（图 144、图 145）。前来慰问的老师有致真书院院长王惠文、经济管理学院党委副书记王喜忠、数学与系统科学学院党委副书记丁丁、物理科学与核能工程学院党委副书记冯盛、化学学院党委副书记李丹、空间与环境学院团委书记丁永斌，以及致真书院 12 班班主任姚忠、17 班班主任孙玉泉、18 班班主任王海辉、21 班班主任宋春艳、26 班副班主任夏丹。致真六营全体指导员、致真书院工作人员也参与了此次慰问活动。

图 144   致真书院及专业学院院领导及老师到现场视察与慰问

图145　致真书院及专业学院院领导及老师到现场视察与慰问

　　王惠文院长下车后，同学们便激动地围了过去。看到簇拥在身边热情的同学们，王惠文亲切地表示，同学们能在北航、致真书院的培养与关怀之下这样快乐而幸福地成长，实在是幸福的事情。之后，致真六营指导员向老师们详细介绍了同学们当周的军训情况。执行院长闵敏介绍了参与此次慰问的各位老师，同学们列队欢迎并热烈鼓掌。

　　王惠文表达了对同学们军训生活的关心及期望。王惠文表示，她一直在通过公众号等平台了解同学们的训练情况，看到同学们的"最美瞬间"，深深为同学们斗志昂扬、英姿飒爽的姿态震撼，感到十分自豪。王惠文指出，军训是大学生活的第一课，她表示，首先，军训可以帮助同学们摆脱高考后的松懈状态，以全力以赴的状态积极投入大学生活；其次，大学的各位同学来自五湖四海，辛苦的训练经历可以增强同学们之间的凝聚力，来自不同学院的同学之间也会建立深厚的友谊；王惠文还通过一个简短的故事告诫大家，古往今来，成大事者，都需要有坚忍不拔的意志，而军训可以在让同学们磨砺中锻炼意志力；最后，军训还可以使同学们感受到军人的英雄气概与情怀，在中国人民解放军建军90周年之际，对保家卫国的军人更生崇敬之情。她勉励同学们继续努力，成为最勇敢、坚忍、团结、优秀的集体。最后，王惠文带领全体致真六营的同学们高呼"加油"，使同学们的士气受到了极大的鼓舞。

此后，致真书院领导及班主任老师分别与各小班进行了亲切的面对面交流，关切地询问了同学们军训期间及在校生活情况。

在交流中，王惠文院长就同学们提出的问题一一进行了解答。王惠文作为北航数学学院出身的第一届优秀毕业生，向同学们提出了数学方面的学习建议，并解答了同学们在课程选择、今后选择专业方向、对学院及专业的理解等方面的问题。王惠文向同学们强调，学习不能仅仅局限于书本上的公式，并鼓励同学们在生活中去经历、去拓宽自己的眼界，感悟生活中的科学之道，度过充实而有意义的大学四年生活。

致真六营军训慰问活动在同学们热烈的掌声中结束。

2017 年 9 月 24 日，致真六营全体成员参加了在北航沙河校区体育场举行的军训闭营仪式，宣告了为期 14 天的军训生活圆满结束。军委国防动员部领导，承训部队航天工程大学校领导，北航党委书记张军院士、党委副书记李军锋、学生工作部（武装部）部长董卓宁，以及相关部门、各学院、书院领导出席了仪式。闭营仪式由军训团政委田原主持，由军训团团长王豫生作总指导。

在该次军训中，致真书院学生训练成绩斐然，各连队奖项收获丰硕。致真书院男女生所在的六营一连和六营四连双双荣获军训"优秀连队"称号。致真书院女生所在方阵荣获"优秀方阵"称号（图 146），致真书院男生所在连队六营一连在内务评比中，勇夺全校第一名。致真书院女生所在的六营四连在宣传评比中，获得全校第二名的佳绩。

图 146　致真书院 2017 级女生所在方阵荣获"优秀方阵"

2. 2018 级学生军训

2018 年 8 月 31 日，为保证北京航空航天大学新生军训团六营相关工作的顺利开展，六营全体参训人员举行动员会。动员会上，营教导员王雷华老师着重强调了军训的各项纪律，介绍了军训内容，并阐释了军训对于当代大学生的重大意义。六营全体成员备受鼓舞，纷纷表达了积极参与军训的热情。动员会在学生之间引起极大反响，为军训的圆满召开奠定了基础。

2018 年 9 月 1 日早晨，六营全体受训学生于 7:30 在北航沙河校区国家实验楼前集合完毕，队伍整理后，由指导员带领浩浩荡荡的队伍前往操场参加 2018 级北航学生军训的开营仪式。开营仪式上，航天工程大学教官领导对新生发表了讲话，表达了教官队伍对完成这项工作的巨大决心，以及希望北航新一届学子发扬不怕苦不怕累的精神。随后，教师教导员代表也表达了对学生们的殷切期盼。军训的目的不只是锻炼学生的意志品质，更重要的是通过此次活动激发学子们的爱国情怀和空天报国的宏大志向，正如校歌中所言，"仰望星空，脚踏实地"。

此次军训六营分为四个连进行训练，2018 年 9 月 1 日军训内容为队列基础，包括稍息立正等项目，每一名学生都在认真训练，一刻都没有松懈（图 147–149）。午饭前，各连间还进行了一场别开生面的"拉歌大赛"，既趣味无穷又鼓舞人心，为此次军训开启了一个良好的开端，期待在未来的几天里，六营全体"战士们"能继往开来，继续保持不畏艰苦和磨难的精神，圆满完成军训学习。

2018 年 9 月 8 日，正值军训过半之际，同学们已渐渐熟悉了军营的节奏，而中期慰问也相应随之到来。上午 10 时，全体学员于训练场地集合。

北航党委副书记李军锋前来视察同学们的情况，一览同学们积极向上的精神风貌，并为同学们提出了宝贵的指导意见（图 150）；随即，致真书院院长王惠文前来为同学们加油打气，以自己的亲身经历和感受鼓励同学们克服军训的困难，令同学们受益匪浅。该次慰问使同学们更多地了解了军训的意义和目的，用更多的付出和汗水去收获宝贵的人生经验。

图147 2018 级学生军训剪影

图148 2018 级学生军训剪影

（十二）庆祝中华人民共和国成立 70 周年活动

2018 年春季学期末，致真书院积极组织选送 2018 级学生参与庆祝中华人民共和国成立 70 周年群众游行联欢等系列活动。致真书院共有 300 余人参与"关键抉择"群众游行方阵，另有 28 人参与广场合唱活动、

50人参与晚间广场联欢活动（图151、图152）。承担任务的学生在活动期间积极参与训练，齐力在长安街向全中国、全世界展现北航风采。参与的学生发文说道："最美的风景是花束齐挥起，最棒的回忆是你我共参与。"

图149　2018级学生军训剪影

图150　北航党委副书记李军锋视察现场

图 151　中华人民共和国成立 70 周年"关键抉择"群众游行方阵

图 152　参加庆祝中华人民共和国成立 70 周年系列活动学生合影

"好学风"

致真书院科学调研、认真分析、务实推进，不断开展涉及专业意向、学业需求、教学质量、学习环境、学习资源等多方面的问卷调查、实地调研、集体座谈、个体询问，持续推进学习问题预测和学业预警，扎实推进"学术诚信教育"，推动学生将学习方式从被动向主动转变，开展大班串讲、支持小班集体学习、组织线上线下各类答疑和专项学习等学业帮扶工作，推动特长学生参加竞赛以发挥专长，"不抛弃不放弃"不忘基础薄弱学生，针对少数民族、新藏生源、招生专项学生进行专项辅导，同学之间线上线下比学习、见贤思齐称"大佬"、明里暗里比学超，形成"爱学习、会学习、学习好"的致真书院"好学风"。

一、建设背景与组织架构

致真书院学业发展指导中心（简称"学业中心"）成立于2017年，是在北航大类招生、大类培养、书院育人的背景下，为拓展学生学习能力、提高学生学习质量、促进学生全面素质提高而成立的科学化、专业化指导中心。

学业中心主任由致真书院执行院长担任，负责统筹学院学风建设和学业辅导工作。致真书院学业助理作为专职工作人员，承担中心日常运行任务。

二、工作思路与机制

学业中心以"学业促进、能力提升、认知引导和发展支持"作为核心工作思路，依托思政、朋辈、学业、社会四类导师，从学业支持、通识教育、科技创新、导师建设四个层面，开展"学业加油站""致真研修班""致真梦工厂""致真领航者"四项计划，建立了学业发展指导体系（图153）。

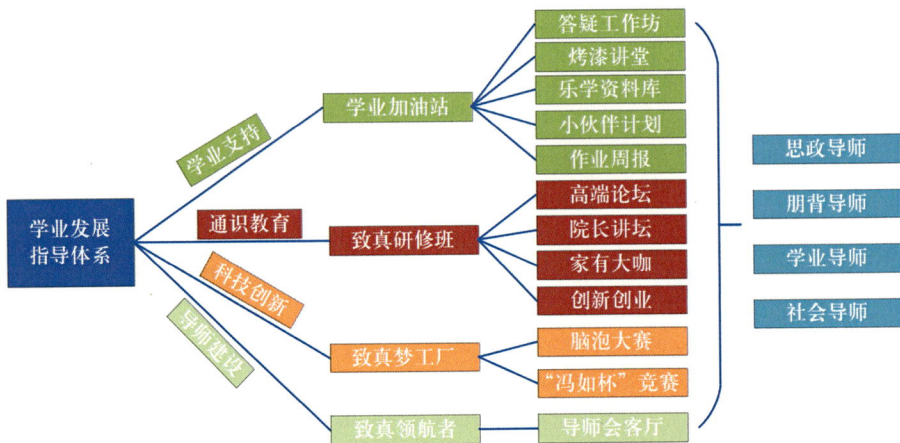

图153　学业发展指导体系框架图

（一）学业支持

学业中心自成立以来，始终本着"为学生服务，对学生负责"的工作态度，"关心学习，更关心你"的服务理念，已由起初的小心试探逐步走向丰满成熟。在不断的探索中，学业中心开创了很多具有致真书院特色的学业指导项目，实现了个性化、定制化学业辅导。

1. 答疑工作坊——串讲

致真书院"答疑工作坊"致力于为学生解答他们在学习过程中遇到的问题。"答疑工作坊"通过邀请优秀的学生进行日常串讲、考期串讲的形式来为同学们答疑解惑，常规串讲由学业顾问团平时在教室针对难点重点章节为同学们进行知识点总结和疑难题目讲解，由答疑团成员进行学科重难点讲解，并对知识网络进行梳理以帮助同学们厘清知识脉络，以及对考试重点题型进行补充讲解以帮助同学们有条不紊地进行备考和总结。串讲答疑科目涵盖理科数学分析、理科高等代数、基础化学、物理学、大学计算机基础五门必修课程。

（1）2017—2022学年"答疑工作坊"串讲开展情况

截至2022年6月，"答疑工作坊"五年度累计考期串讲25次，形成备课稿25份，累计参加7 500人次，并在B站（哔哩哔哩）用"致真书院学习部"账号上传了部分视频（图154）。

图154 B站"致真书院学习部"上传视频截图

（2）2017—2022学年"答疑工作坊"答疑开展情况

致真书院线下答疑活动每周进行，一周两至三场，五年度累计开展各学科答疑活动超过200场，答疑团成员累计超过150名（图155、图156）。

图155 线下答疑活动

- 2020级大学计算机基础答疑群
- 2077数学答疑群
- 2077大学物理答疑群
- 15班高等代数答疑群
- 2077化学答疑群

涵盖科目

数学分析　高等代数　基础化学　大学物理　大学计算机基础

图 156　答疑团建设情况

2. 烤漆讲堂

致真书院"烤漆讲堂"是由致真书院学业中心搭建的一个考期复习平台，旨在帮助学生在期末考试之前能够更好地复习功课，做到温故而知新。致真书院会定期请来各科老师，为学生进行学科复习讲座，让学生收获更多学习该学科的方法，助力同学们科学备考、轻松应考（图 157）。每学期，致真书院针对数学分析、基础化学、大学计算机基础等核心课程，共开展三场"烤漆讲堂"。

图 157　烤漆讲堂活动

3. 乐学资料库

致真书院收集汇总往届试题、学习笔记、知识点整理、习题集、电子版教材及答案、MOOC（大型开放式网络课程）等优秀学习资料，整理成为"乐学资料库"，并适时推送给同学们。"乐学资料库"内容涵盖基础化学、数学分析、线性代数、经济学原理、大学语文、物理先导、思想道德基础与法律修养、军事理论、物理、大学计算机基础、中国近代史纲要、英语等课程教材电子版及参考资料。

4. 小伙伴计划

"小伙伴计划"是致真书院发起的一个线上打卡活动。其目的是帮助学生养成学习习惯、自我监督，使学生坚持自己制订的计划，在致真书院范围内营造良好的学习氛围。主要打卡内容为四六级单词或英文外刊精读学习情况。

学生可以在"小伙伴计划"中监督完成自己制订计划的情况。致真书院每学年进行四期"小伙伴计划"，每一期打卡活动结束后，打卡次数相对靠前的学生可以得到奖励，在四期打卡活动结束后完成一定期数的学生还可以得到特制证书与额外奖励。该活动每学年有近300名致真学院学生参与，总打卡条数两万余条，最长打卡时间达180余天。

学生感受：

"我原先并不算是一个打卡热情特别高的同学，只怪化学打卡奖品实在有趣，我也就开始参与了。想不到题目出得也确实有趣，紧密结合近期学习的基础化学知识，确实帮助我掌握了学习内容。这么好的东西我自己玩儿当然不够，带上舍友才是最好的选择，每日与舍友相互鼓励、相互监督，因而让我一直坚持了下去。以后这样的事情也有的话，我也应当会参与的。这个习惯我以后也会保持，感谢活动。"

——致真书院2017级学生高家楠

"曾经我也有通过自主打卡来完成自己的学习和其他方面的任务，但是由于自己拖延症的毛病，每次的打卡计划总不能十分完美地结束。而书院的打卡活动通过伙伴、同学之间的互相督促，一方面帮助我改正了拖延的毛病，提高了学习的效率；另一方面同学之间的互相促进、和同学的一同进步使得每一次的打卡都让我充满了动力。虽然打卡活动已经告一段落，但是与室友养成的打卡习惯我们还是会一直坚持下去的，一群人为了同一个目标一起努力的感觉真的很好。"

——致真书院2017级学生卞亚

5. 作业周报

"作业周报"是学业中心 2020 年新推出的活动，旨在帮助学生解决作业中的疑难点，给出相关的方法、技巧或注意事项，以及适量地扩展题目，让学生不再为作业中的困难发愁，提高作业题目的利用率和学生的学习效率。其中，"数学分析周报"11 期，"高等代数周报"7 期，"基础化学周报"7 期。

6. 成长锦囊

2017—2021 年，致真书院组织编写"成长锦囊"，其中收集致真书院优秀学生在大一时期的成长经历，包括但不限于如何适应大一的学习与生活，大一学习中遇到的困难及怎样找到适合自己的好的学习方法，大一期间怎样做好专业认知、选择自己喜欢并适合自己的专业等。"成长锦囊"不仅包含了致真书院同学的珍贵记忆，更能够帮大一新生通过案例集中系统地学习到经验与方法策略，从而更快地适应大学生活。

致真书院目前已形成成长锦囊篇数 46，累计 62 000 余字。

2017—2021 年刊登情况：

成长锦囊——致真书院 2019 级学生庄俊杰、张佳怡

成长锦囊——致真书院 2019 级学生樊城、王昊晗

寒假的学习方法——致真书院 2019 级学生张博洋、孙乾祐

学习经验与感受分享——致真书院 2019 级学生尹子朔

成长锦囊——致真书院 2019 级学生陈嘉龙

成长锦囊——致真书院 2019 级学生林可馨

成长锦囊——致真书院 2019 级学生李根浩

成长锦囊——致真书院 2019 级学生牛亦婷

成长锦囊——致真书院 2019 级学生孔博傲

学霸有话说——致真书院 2019 级学生刘传

关于学习——致真书院 2019 级学生毛安欣

我的学习经验和感受——致真书院 2019 级学生吴嘉骏

从失利到成功——致真书院 2017 级学生吴晓航

走出迷茫，适应大学——致真书院 2017 级学生喻舜尧

摸索中成长，我的大学学习——物理学院学生何震宇

成长在北航，我的大一学习——致真书院 2018 级学生幸天驰

岁月常回首，马齿非徒增——致真书院 2018 级学生李非

学习感悟——致真书院 2018 级学生高文晋

成长锦囊——致真书院 2018 级学生刘迅捷

"劳逸结合"，"愉悦"大一——致真书院 2018 级学生王子榕

成长锦囊——致真书院 2018 级学生李国铭

成长锦囊——致真书院 2018 级学生李文桥

大一学习的关键：课堂、作业、考期——致真书院 2018 级学生方秋玥

大一，找到适合自己的学习模式——致真书院 2018 级学生黄家威

大一！加油！不迷茫！——致真书院 2017 级学生乐洋

且先"轻车熟路"，方见"柳暗花明"——致真书院 2017 级学生张宇鹏

To see behind walls——我的专业选择心路历程——致真书院 2017 级学生陈新星

这一年的一路星光——致真书院 2017 级学生高家楠

高四，其实也挺好——致真书院 2017 级学生张天辰

成长感悟——致真书院 2017 级学生杜德翔

苗伟宁故事——北航 2014 级本科生学生苗伟宁

我的大一生活——致真书院 2017 级学生鲍宗博

成长锦囊——致真书院 2017 级学生张志远

光阴荏苒，流年易逝——致我枯燥而充实的大一生活——致真书院 2017 级学生施继婷

学习要记忆吗？那要看玩游戏存不存档！——致真书院 2017 级学生赵璧和

学法探究！快乐生活——致真书院 2017 级学生朱之翰

他山之石，可以攻玉——致真书院 2017 级学生张舟

摸索前进！踏影追光——致真书院 2017 级学生杨天任

愉快学习，充实生活——致真书院 2017 级学生石玉峰

关于上学期学习的一点经验——致真书院 2018 级学生董俊杰

成长锦囊——致真书院 2018 级学生冯若怡

学习方法——致真书院 2018 级学生李泽天

平凡之路——致真书院 2018 级学生王雨田

（二）博雅课程

致真书院围绕全人培养核心目标设计通识教育模块，在"自主发展、文化基础、社会参与"三个维度布局博雅课程体系（表3）。高端论坛聚焦交叉领域，紧密围绕三个维度有效延展，通过变革性学习帮助学生深化大类思维。致真书院打造体验式学习工作坊，学生在积极心理工作坊调整心态，在领导力工作坊认识和体会团队配合的重要性，在创业训练营中学习科学创业方法，在深度体验中收获成长。

表 3   致真书院博雅课程体系表

	三个方面	六大素养	课程安排
致真书院"三有"育人体系	自主发展	学会学习	导读思辨计划 家有大咖 烤漆讲堂 小伙伴计划 通识课：学业工作坊
		健康生活	积极心理工作坊 积极心理体验营 通识课：大学生自我管理与修养提升
	文化基础	科学精神	高端论坛 院长讲坛 科技、学科竞赛
		人文底蕴	文化体验 成长报告 国际交流
	社会参与	责任担当	志愿服务 通识课：领导力开发
		实践创新	致真–AI科创少年书院 创新创业训练营

致真书院紧密围绕大一新生的适应性和发展性问题——学业规划、自我调整、领导力发展，开设本科生学业规划、大学生自我管理与修养提升、领导力开发，以及三门一般通识课程，帮助学生实现高中到大学的软着陆，促进学生多维度能力提升。

1. 高端论坛

高端论坛是博雅课程的重要组成部分。致真书院邀请来自各行各业的知名人物，以高端的视角向同学们分享、解读他们所涉猎领域的专业知识。参加高端论坛能够拓宽学生的视野，丰富学生的见闻。高端论坛涉猎范围广泛，专业知识含金量高，让学生收获满满。

（1）2017年高端论坛

2017年9月28日，北航经济管理学院教授、博士生导师，国务院政府特殊津贴专家，"国家杰出青年科学基金"获得者，北航致真书院院长——王惠文老师，在北航沙河校区J0-002教室作题为《怎样着手做一个统计数据分析课题》的讲座（图158）。本次讲座通过北京市劳动就业需求预测、北京市空气污染防控政策建议、DOTA2国际邀请赛中制胜因素分析等案例，讨论如何着手打造一个新的统计数据分析课题，介绍如何运用描述性统计分析方法发现有意思的故事重点；探讨海量数据简约处理的基本思路和一些数据降维方法；简要探讨大数据时代的挑战和机遇，以及复杂数据的统计建模问题。

图158 致真书院2017年高端论坛——王惠文老师讲座

2017 年 10 月 18 日，中国科学院物理研究所研究员，《物理》杂志专栏撰稿人，*Physica Status Solidi* 等杂志编委会成员——曹则贤老师，在北航沙河校区作题为 *What is physics?* 的讲座，曹则贤从自身的求学经历出发，向同学们展示了他对于物理的理解与体会（图 159）。而后，曹则贤着重讲解了物理与生活的联系以及物理带来的巨大的力量。通过对爱因斯坦、狄拉克、伽利略、费曼等物理巨匠生平事迹的讲述，曹则贤也让在场同学们了解到了物理学家们仰望苍穹的姿态、对世界的思考和永恒的赤子之心。曹则贤的讲座给同学们带来了极大的启发。

图 159　致真书院高端论坛——曹则贤老师讲座

2017 年 10 月 25 日，上海大学管理学院副教授、博士、硕士研究生导师——刘寅斌老师，在北航沙河校区 S4-205 报告厅作题为《中国游戏行业的未来和预判》的讲座。刘寅斌讲解了三个核心观点：未来 5—10 年，游戏及游戏产业的爆炸性增长方向明确、路径清晰、方法多样；5 年后，甚至 10 年后的游戏，绝对不能以当前游戏（Game）视角来看待，更不能以现在游戏的知识体系来理解，未来的游戏将是一个完全崭新的世界；游戏会成为人类在科技、人文、艺术所有领域最顶端和最新应用的综合体。

2017 年 12 月 8 日，国家杰出青年科学基金获得者，中组部"青年千人"计划入选者，国家重点研发计划青年首席科学家——刘明杰老师，在北航沙河校区 S4-205 报告厅作题为《仿生纳米的世界》的讲座（图 160）。

刘明杰在讲座中介绍了仿生软体活性材料可以根据多样的外界刺激，有效地改变自身的形状和体积，因此，在软体机器人、柔性电子器件和传感器等诸多领域有着广泛的应用前景。

图 160　致真书院 2017 年高端论坛——刘明杰老师讲座

（2）2018 年高端论坛

2018 年 3 月 22 日，首都师范大学音乐学院副院长，舞蹈专业负责人，教授、博士生导师——田培培老师，在北航沙河校区作题为《走进舞蹈艺术》的讲座。讲座将舞蹈艺术置于开阔的艺术维度和文化视野中，以充满展现现代性、话题性和视觉性的语境方式，生动地诠释舞蹈艺术，带领所有对舞蹈感兴趣或怀有好奇心的学生发现与领略舞蹈的全方位艺术魅力，启动通往高雅艺术殿堂的列车。

2018 年 3 月 29 日，主任医师，教授，博士生导师，北京学者，国际眼科学院院士——王宁利老师，在北航沙河校区咏曼剧场作题为《新时代·奋斗者的时代》的讲座（图 161）。王宁利从事眼科临床与科研工作三十余年，是我国完成眼科手术最多的专家之一。通过该场讲座，他带领同学们走进了眼科学的世界，同时也分享了他对于医生这个职业的理解和对生命的感悟。在他看来，一名好医生，不仅要医术高超，用智慧创造奇迹，还要努力成为创新型、引领型的医生，不断探索新知，解决更多的医学难题。

图 161　致真书院高端论坛——王宁利老师讲座

2018 年 5 月 5 日，台湾中央大学天文研究所教授，澳门科技大学太空研究所特聘访问教授，中央研究院院士，国际宇航科学院院士，美国地球物理学会会士——叶永烜老师，在北航沙河校区 S4-205 报告厅作题为《从北航到南门二》的讲座。叶永烜从北航出发，用几位科学家和艺术家的交叉故事，追溯人类如何利用好奇心和想象力探索最近的恒星和自己的本质。

2018 年 5 月 31 日，著名经济学家，国务院参事室特约研究员，国务院参事室调查中心理事长，国务院参事室与中国人民银行合作的金融研究中心专家委员会副主任，中国统计学会副会长——姚景源老师，在北航沙河校区国家实验室四层多功能厅作题为《把握两个根本转变，开拓中国经济新时代》的讲座（图 162）。姚景源围绕"把握我国发展已经进入中国特色社会主义新时代"这一中心，带领同学们正确认识我国社会主要矛盾已经转化为人民日益增长的美好生活需要和不平衡不充分的发展之间的矛盾、我国经济已由高速增长阶段转向高质量发展阶段这两个转变。

2018 年 9 月 28 日，致真书院院长——王惠文老师，在北航沙河校区 S4-205 报告厅作题为《怎样开始着手做一个统计学课题》的讲座。该讲座讨论如何着手打造一个新的统计数据分析课题，介绍如何运用描述性统计分析方法发现有意思的故事重点；探讨海量数据简约处理的基本思路和一些数据降维方法；简要探讨大数据时代的挑战和机遇，以及复杂数据的统计建模问题。

图 162　致真书院高端论坛——姚景源老师讲座

2018 年 10 月 24 日，中国科学院国家空间科学中心研究员、主任，兼任空间天气学国家重点实验室主任——王赤老师，作题为《我国空间科学卫星计划回顾与展望》的讲座。王赤回顾我国第一颗人造卫星"东方红 1 号"、实践系列科学实验卫星、中国首个真正意义上的空间科学卫星计划"双星计划"的历史，讲述空间科学战略性先导专项（一期）的四颗卫星——"悟空号""墨子号""实践 10 号"和"慧眼号"取得的最新科学成果，展望了空间科学未来的发展蓝图，"晒出"空间科学中心的下一步空间科学卫星计划。

2018 年 11 月 5 日，北航数学与系统科学学院教授，博士生导师，时任理科大类责任教授——李尚志老师，在北航沙河校区 S4-205 报告厅作题为《让抽象变得自然》的讲座。本报告通过讲述道家思想，结合教育案例和数学解题过程来实现数学思想的"无"怎样转化为解题的"有"。

2018 年 12 月 26 日，高级经济师，国务院政府特殊津贴专家，国家大数据发展专家咨询委员会专家，国家减灾中心特聘专家，中国保监会重大决策专家咨询委员会专家，中国精算师协会副会长——王和老师，在北航沙河校区 J0-002 教室作题为《大数据看保险行业的未来——已知与未知》的讲座。王和从大数据和保险业的基础知识出发，为同学们讲解了相关基础知识。之后，王和讲解了保险学与大数据之间的联系，并论述了大数据与保险学的未来。王和强调了数据与信息的重要性，并表示未来的生活离不开数据统计和分析。

（3）2019 年高端论坛

2019 年 4 月 13 日，环境科学家，中国科学院院士，北京大学城市与环境学院博雅讲席教授、博士生导师——陶澍老师，在北航沙河校区作题为《利用高源分辨率排放清单评估我国大气污染变化趋势》的讲座。陶澍首先简单介绍了我国大气污染的现状，强调了大气污染治理的重要性。随后，陶澍向同学们叙述了利用高源分辨率排放清单评估我国大气污染变化趋势的十年研究线路。陶澍还向同学们逐一讲解了中国农村生活能源转型的健康与气候效应、禁止土法炼焦的健康效益、排放与气象条件对大气颗粒物污染的影响、北方地区双替代的环境与健康效应四个精彩案例的具体研究过程。

2018 年 4 月 21 日，中国科学院院士、"百人计划"入选者，国家杰出青年基金获得者，教育部"长江学者奖励计划"特聘教授，杰青、长江学者，中国科学院理化技术研究所研究员，博士生导师，北京航空航天大学化学学院院长——江雷老师，在北航沙河校区主楼四层多功能厅作题为《原创科研选题的三个境界八个层次》的讲座。从荷叶的超疏水和自清洁功能，到水黾的水面行走、蜘蛛丝的集水、猪笼草的"油嘴滑虫"，江雷带领同学们解密了种种自然界神奇现象背后的奥秘，并分享了学做原创科研、学会科学生活的真谛。

2018 年 5 月 13 日，中国航空工业集团有限公司科技委主任，中国航空学会理事长——林左鸣老师，在北航沙河校区沙河主楼四层多功能厅作题为《航空发展规律思考》的讲座。

2018 年 9 月 18 日，致真书院院长——王惠文老师，在北航沙河校区 S4-205 报告厅作题为《统计数据分析研究体会》的讲座。该讲座从管理科学的视角出发，说明统计数据分析的意义。讲座还通过中国股票市场特征分析和大气污染防控等案例，探讨海量数据分析的基本思路。

2018 年 9 月 27 日，高级经济师，享受国务院政府特殊津贴专家，国家大数据发展专家咨询委员会专家，国家减灾中心特聘专家，中国保监会重大决策专家咨询委员会专家，中国精算师协会副会长——王和老师，在北航沙河校区 J0-001 教室作题为《保险与未来——已知与未知》的讲座。王和结合自身工作经验和大数据时代特点，对保险行业的发展现状及未来前景进行全面阐述。

2019 年 10 月 20 日，国防大学战略教研部教授，军事学博士，空军大校军衔，援外军事专家组成员，军队优秀专业技术人才岗位津贴获得者——舒健老师，在北航沙河校区 J0-003 教室作题为《勿忘历史 砥砺前行》的讲座。讲座通过勾勒中国近代以来历史发展的主要线索，回顾自鸦片战争以来中华民族遭受苦难与奋进的历史，启发同学们勿忘历史，砥砺前行。讲座还结合历史与现实，简要介绍中国周边形势，特别是当前中国面临的安全挑战，告诫同学们既不可妄自菲薄，也不可妄自尊大，应明白肩负的责任和使命。

2019 年 11 月 30 日，华为企业业务中国区总工程师——胡善勇老师，在北航沙河校区 J3-106 教室作题为《信息技术发展趋势与应用》的讲座。

2019 年 12 月 6 日，华为企业业务中国区总工程师，科学家，华为最具价值专家——胡善勇老师，在北航沙河校区 J0-004 教室作题为《大数据与人工智能》的讲座。胡善勇讲解了云计算大数据时代的机会与约束；对云计算大数据的本质进行了分析并列举其应用场景；对大数据、云计算、互联网三者的关系做了深入解剖；阐述了大数据、云计算、互联网三者对信息产业的影响；阐述了大数据对商业经营的影响；讲解了产品的特征与开发范式变化；讲解了对通往未来之路的设想以及在发展中的约束等方面的内容。

（4）2020 年高端论坛

2020 年 10 月 21 日，致真书院院长——王惠文老师，在北航沙河校区 J0-001 教室作题为《关于"大数据时代"预测建模的几点思考》的讲座。讲座通过列举若干管理咨询项目的研究案例，探讨大数据时代预测建模的一些新的视角和技术路线，介绍复杂数据分析中的前沿理论问题，以及统计学在大数据时代的创新机遇。此外，讲座重点介绍新型冠状病毒肺炎（COVID-19）疫情状态分析与预测的研究思路，探讨国际新冠肺炎疫情形势，并对国内新冠肺炎疫情再次暴发的风险进行分析与研判。

2020 年 11 月 1 日，华为企业业务中国区总工程师，中国大数据专家委员会专家，中国信息安全学会常务委员，电子政务理事会副理事长，CCF（中国计算机学会）委员，ACM（国际计算机协会）专家——胡善勇老师，在北航沙河校区 S4-205 报告厅作题为《信息技术发展趋势》的讲座。胡善勇向同学们介绍了华为集团的产业类型、服务对象、管理体制与分配体制，并介绍了华为独树一格的企业文化。胡善勇还向同学们介绍了智能技术。作为第四次工业革命的驱动力，智能技术包括移动网络、云计算、大数据、物联网和人工智能等。胡善勇以对相关技术的介绍引导同学们思考这些技术对于我们生活的意义。除了这些专业性比较强的问题外，胡善勇还与同学们讨论自己对人生的理解，帮助同学们更好地适应并掌控当下的大学生活。

（5）2021 年高端论坛

2021 年 9 月 15 日，北航航空科学与工程学院飞机系教授、博士生导师，北航教学指导委员会副主任、研究生教学督导组组长、学术委员会委员——杨超老师，在北航沙河校区 J0-002 教室作题为《航空航天的发展》的讲座。杨超用丰富的图片和视频、专业的态度和幽默的话语讲述了航空航天的基本概念、国内外发展史以及未来发展方向等方面的内容，更是用提问、回答正确有奖的方式极大地调动了同学们参与的积极性。

2021 年 11 月 13 日，北航化学学院教授、博士生导师，北航学院理科大类化学课程群负责人——朱英老师，在北航沙河校区作题为《揭生命奥秘，探化学前沿》的讲座。朱英聚焦于化学的重要作用，设想了一个没有化学的世界，展示了改变世界的化学发明，展现了化学对人类的重要性，进而为同学们阐明了化学的定义。随后，朱英又将作用对象转向中国，为同学们展示了攻坚"卡脖子难题"的关键技术，而其中与化学学科相关的占比高达 70%。朱英以一个科研工作者的视角，说明了化学这门基础学科在国家科技发展中起到的重要作用。

2. 院长讲坛

为引导学生科学理性地认识各专业学院，提前做好学业规划，致真书院于每个春季学期筹备开展"专业认知教育宣传月"系列活动，开办"理科大类专业认知教育之院长讲坛"，邀请理科大类相应专业学院院长前来介绍学院人才培养与专业认知，全面阐述学科特点与学院优势。

（1）2018年院长讲坛

2018年3月28日，数学与系统科学学院院长韩德仁在北航沙河校区作题为《走进数学与系统科学学院》的讲座（图163）。4月13日，物理科学与核能工程学院院长吕广宏在沙河校区作题为《物理学院学科与人才培养》的讲座。4月26日，经济管理学院院长范英在沙河校区作题为《走进经济管理的多彩世界》的讲座。5月20日，空间与环境学院院长曹晋滨在沙河校区作题为《望空间深邃，瞰环境美好》的讲座。

图163 数学与系统科学学院院长韩德仁讲坛现场答疑

（2）2019年院长讲坛

2019年4月17日，经济管理学院院长范英在北航沙河校区作题为《走进经济管理的多彩世界》的讲座。4月20日，空间与环境学院院长曹晋滨在沙河校区作题为《望空间深邃，瞰环境美好》的讲座。4月21日，化学学院院长江雷在沙河校区作题为《原创科研选题的三个境界八个层次》的讲座（图164）。

图 164　化学学院院长江雷讲坛会后合影

（3）2020 年院长讲坛

2020 年 4 月 12 日，化学学院院长刘明杰在线上腾讯课堂作题为《转型的化学：用创造引领未来科技》的讲座。4 月 15 日，空间与环境学院院长曹晋滨在线上腾讯课堂作题为《望空间深邃，瞰环境美好》的讲座。4 月 13 日，物理学院院长吕广宏在线上腾讯课堂作题为《做有气质的北航物理人》的讲座。4 月 26 日，数学科学学院院长韩德仁在线上腾讯课堂作题为《以数学之名，行北航之路》的讲座。5 月 6 日，经济管理学院院长范英在线上腾讯课堂作题为《走进经济管理的多彩世界》的讲座（图 165）。

图 165　经管学院院长范英讲坛线上会议

（4）2021年院长讲坛

2021年4月17日，物理学院院长吕广宏在北航沙河校区作题为《北航物理与你相约》的讲座（图166）。4月18日，空间与环境学院院长曹晋滨在沙河校区作题为《望空间深邃，瞰环境美好》的讲座。4月25日，化学学院院长刘明杰在沙河校区作题为《探索未知，引领未来》的讲座。4月26日，数学科学学院院长韩德仁在沙河校区作题为《以数学之名，行北航之路》的讲座。4月28日，经济管理学院院长范英在沙河校区作题为《走进经济管理的多彩世界》的讲座。

图166　物理学院院长吕广宏讲坛

（5）2022年院长讲坛

2022年4月6日，物理学院院长吕广宏在北航沙河校区作题为《北航物理与你相约》的讲座。4月24日，数学科学学院院长韩德仁在沙河校区作题为《以数学之名，行北航之路》的讲座。5月15日，化学学院院长刘明杰在线上腾讯会议作题为《探索未知，创制未来》的讲座。

3. 家有大咖

学业中心举办的"家有大咖"系列博雅体验课，会定期邀请各个学院优秀的学长学姐作为朋辈导师来与大一的学生分享学习经验，交流对于大学学习或生活的感悟。"家有大咖"的举办旨在让大一的学生获得更多与五个学院各个领域的优秀学长学姐直接交流的机会，收获朋辈导师在学习、

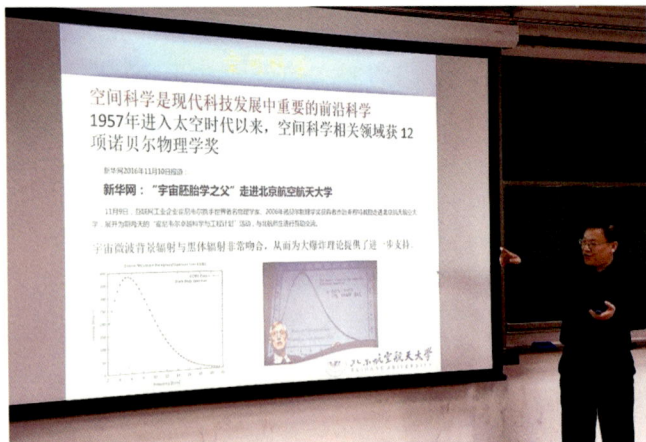

图 167 物理学院院长吕广宏讲坛

生活方面的实用经验等；同时也为大一学生对各个学院的认知打下一定基础，帮助大一学生找到适合自己的专业方向。

2018 年，苗伟宁、孟子涵、鲍宗博、庄雁、杜德祥、肖梦琪、施继婷、张天辰、何震宇、黄思晋、张丹蕾、李豪晨等学长学姐与大一的学生分享学习经验，交流对于大学学习、生活的感悟。

2019 年，赵婧羽、彭静、高晋文、张挽犁、廖星晔、王一平、师曜等学长学姐与大一的学生分享学习经验，交流对于大学学习、生活的感悟。

2020 年，刘泽群、刘迅捷、幸天驰、李非、李昱珩、龚渝淇、张浩文、庄俊杰、买民强、林可馨、徐睿晨、谭振涛等学长学姐与大一的学生分享学习经验，交流对于大学学习、生活的感悟。

2021 年，郭雨欣、刘传、罗吴迪、吴雨卓、徐瑞遥、张浩文、张天翊、幸天驰等学长学姐与大一的学生分享学习经验，交流对于大学学习、生活的感悟。

2022 年，蔡云帆、王泽文、郭伊芝等学长学姐与大一的学生分享学习经验，交流对于大学学习、生活的感悟。

（三）科技创新

致真书院打造学科交叉融合、师生深度联合、双创与专业结合、多维度资源整合、需求实践高度聚合的五维融合模式，联合专业学院全程指导。

脑泡大赛作为重要衔接，对后续科创项目的开展起到有效的铺垫作用。

1. 脑泡大赛

脑泡大赛是由致真书院主办，联合经济管理学院、数学科学学院、物理学院、化学学院、空间与环境学院，针对致真书院学生开展的创意大赛，目的在于激励学生勇于创新，同时在理科大类的背景下实现学科交叉融合。

脑泡大赛旨在认可每一个奇思妙想，保护每一颗热爱科学、热爱创造的赤子之心，最终脱颖而出的优秀选手将分别创建自己的创业队伍，产品成熟后可按商业模式培训推广，选手还可以申报北航"冯如杯"竞赛、全国青少年科技创新大赛、中国创业创新大赛、"挑战杯"全国大学生课外学术科技作品竞赛等。

（1）首届脑泡大赛

2018年，致真书院首届"开米"脑泡大赛成功举办，并于同年11月进行决赛答辩，现场共有9个作品进入决赛（图168）。参与答辩评审的老师和嘉宾有致真书院院长王惠文、化学学院副院长朱英、化学学院高龙成、经济管理学院韩小汀，致真书院执行院长闵敏、团委书记贾子超、专职辅导员魏茜和毋艺臻、半脱产辅导员祝文羲和丁得彬。

图168 2018年首届脑泡大赛决赛答辩现场

在决赛答辩现场，评委老师从专业角度和市场角度对参赛作品的创意提出看法和见解，并提供个人建议，为参赛选手继续打磨作品提供指导。在选手们回答评委问题时，观众们也积极参与思考，提出自己的想法（图169、图170）。

图169 决赛答辩同学剪影

图170 现场观众问答

在作品答辩全部完成后，朱英和王惠文分别从化学专业角度和管理学角度对此次答辩进行点评。老师们也对接下来的相关工作提出了几点希望，以期见证更成熟的脑泡大赛。

经过两个月的筹备，致真书院首届"开米"脑泡大赛圆满完成。但这并不是结束，而是新的开始。大赛筹备组从脱颖而出的优秀项目中选择几组项目进行更深的挖掘和指导，助力同学们将创意付诸现实，将想法付诸实践。

（2）第二届脑泡大赛

2019年，第二届脑泡大赛决赛答辩于2019年10月30日晚在北航沙河校区S4-205报告厅顺利举行，选手们西装革履，青春洋溢，胸有成竹；观众们心念电转，踊跃提问，受益匪浅……灵感的碰撞、智慧的较量、知识的建构，共同创造了这一场别开生面的头脑风暴（图171）。

图171 选手答辩现场

策划流程是否合理？成本是多少？市场竞争力如何？还有哪些细节有待完善？评委天团从多角度进行剖析，点评中肯，让参赛选手的设想更加骨肉丰满、更加具备走进现实的可能（图172）。致真书院有幸邀请了致真书院院长王惠文、化学学院副院长朱英、物理学院副院长黄安平、空环学院副院长吕浩宇、经管学院韩小汀担任该次大赛的评委。

第二届脑泡大赛最终评选出一等奖2名，二等奖3名，还有令人惊喜的最受欢迎奖1名。

脑泡大赛的最后王惠文院长致辞，她表示当年的"佼佼者"团队一鸣惊人，前人的成功经验值得同学们借鉴；各种比赛、论坛、导师、培训琳琅满目，唯有充分利用北航的平台和资源，方能不负青春，不负这珍贵的大学四年（图173）。

图172　评委提问、评价

图173　王惠文院长致辞

（3）第三届脑泡大赛

2020年的第三届脑泡大赛以"思维盛宴，创意无限"为主题。

2020年11月12日，北航沙河校区主楼A415教室的璀璨星空，迎来了与之交相辉映的思维火花——集实用性、技术性、创新性为一体的13个创意作品创作选手在第三届致真书院脑泡大赛决赛答辩中进行最终的角逐（图174）。从创意名称到解决问题的方法，从产品市场竞争力到研发优化……权威的导师们多角度、细致地对各个作品进行剖析，给出许多中肯的点评与专业的意见，为同学们的作品修整羽翼、丰满骨肉，让同学们的设想距离落地成品更进一步。

图174　选手答辩现场

赛后，王惠文院长向全体同学进行了教诲（图175）。她表示，脑泡大赛是致真书院的一个优秀的传承项目，同学们愈发优秀、充满创造力，也将过去积累的资源物尽其用。北航有很多在创新活动、比赛中一战成名，最终不懈努力获得成功的例子，她希望所有同学能心怀创造热情，培养创新思维，利用好学校的各种平台与资源，让自己四年的青春无悔，在科技创新大道上驰骋。

创意不仅是一个人的天马行空，而是许多人激烈讨论、思维碰撞下产出的果实。同学们或许也曾灵光一现，想到相似的创意，或许也曾被相同的研究主题所吸引，一问一答间的交流，方能让创意成为璞玉（图176）。

图 175　致真书院院长王惠文进行点评

图 176　赛后现场同学交流

　　赛后，通过现场投票、观众提问等权重积累，使用小程序自动抽取得到观众奖，包括一等奖 1 名、二等奖 2 名、三等奖 3 名、参与奖 10 名。

　　（4）第四届脑泡大赛

　　2021 年，第四届脑泡大赛实现升级。

　　与往届最大的不同之处在于，该届脑泡大赛将首次开启双赛道——其一，继承往届传统，鼓励同学们打开"脑洞"、畅所欲言的"百花齐放"赛道；其二，便是增添的新"主角"，即由各学院优秀教师提供选题的"定向指引"赛道。

2021年12月26日18时，致真书院第四届脑泡大赛答辩在北航沙河校区主楼A414教室举行。致真书院院长王惠文、化学学院副院长田东亮、物理学院教授张高龙、经理管理学院副教授部慧、空间与环境学院副教授李星、致真书院执行院长闵敏担任本次大赛的评委。

该次答辩由李星作为评委老师代表，对第四届脑泡大赛答辩环节进行点评与总结（图177）。收到老师的反馈与指导，同学们更加坚定信念，对未来的科技创新之旅愈发期待。

图177　李星老师点评与总结

王惠文院长对大赛作最终总结和点评，并表达了她的期待（图178）。她鼓励同学们要有创新的勇气，敢于挑战现状，善于发问，勤于观察，广泛交流，重视实验，最终形成联系性思维，以此达到创新的目的。

第四届脑泡大赛最终评选出一等奖2名、二等奖3名、三等奖7名、优秀奖8名（图179）。在该届脑泡大赛中涌现的优秀作品还会获得专业教师的进一步指导，对接"冯如杯"竞赛，还有机会被推荐参加大学生创新创业训练计划项目。

图178   王惠文院长致辞

图179   第四届脑泡大赛获奖者合影

（5）第五届脑泡大赛

2022年，第五届脑泡大赛更加完善。

格物致知，上下求索，致真学子，创意无限，为学致远，明理求真。虽然因为新冠肺炎疫情原因有所推迟，但同学们期待的脑泡大赛得以成功举办期而至。

2023年3月22日14时，致真书院第五届脑泡大赛最终答辩在北航沙河校区主楼 A415 教室举行，11 项优秀作品的创作选手们将构思与创意向在场师生娓娓道来（图 180）。

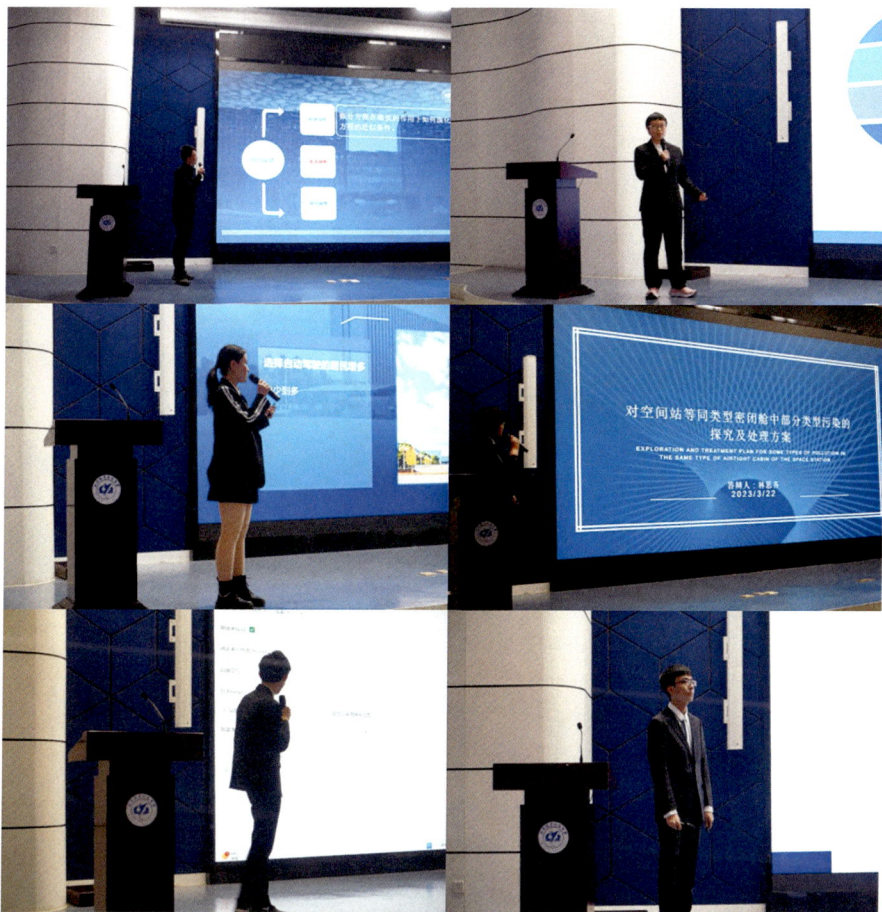

图 180　参赛选手答辩现场

　　经济管理学院教学副院长单伟、数学学院教学副院长马声明、化学学院教学副院长田东亮、空间与环境学院教学副院长王海宁、物理实验中心主任董国波、致真书院执行院长闵敏担任本次评委。

　　单伟老师作为评委代表，进行最终的点评并表达对未来的期待（图 181）。单伟鼓励同学们要有创新的勇气，敢于挑战现状，善于发问，勤于观察，广泛交流，重视实验，最终形成联系性思维，达到创新的目的。单伟用欣赏和赞许的肯定评价同学们的创新创意，积极支持同学们在人生中出色出彩。

图 181   单伟老师作为评委代表进行点评

第五届脑泡大赛最终评选出一等奖 1 名、二等奖 2 名、三等奖 3 名、优秀奖 5 名。在该届脑泡大赛中涌现的优秀作品还会获得专业教师的进一步指导，对接"冯如杯"竞赛，还有机会被推荐参加大学生创新创业训练计划项目。每个人的思维中都有一个"脑泡王国"，那里轻盈绚丽，每一颗"泡泡"都散发着无限的魅力，拥有着无限的生机，蕴藏着无限的可能。

2. "冯如杯"竞赛

北京航空航天大学"冯如杯"竞赛，以中国航空先驱冯如先生命名，始创于 1990 年，是由北航科学技术研究院、教务处、学生处、科协、团委共同主办，科协、团委承办，在北航各学院党政领导的大力支持下开展的具有导向性、示范性和群众性并独具北航特色、彰显北航气韵、践行素质教育、弘扬创新精神的大学生学术科技活动。

致真书院为更好地开展"冯如杯"竞赛相关工作，每学年邀请往届优秀学长学姐在"'冯如杯'系列经验分享会"上进行交流，并整理提供相关资料，帮助同学们更好地完成论文选题、查阅文献、撰写论文、锻炼答辩技巧等，使同学们在赛事中取得了较为优异的成绩。

表 4　致真学院"冯如杯"竞赛获奖情况统计表

对应赛事	届　数	详细赛道	具体奖项	人　数（人）
"冯如杯"	第三十三届	主赛道	二等奖	2
		创意赛道	一等奖	1
			二等奖	2
			三等奖	1
	第三十二届	主赛道	三等奖	1
		创意赛道	一等奖	4
			二等奖	11
			三等奖	18
		化学 +	二等奖	2
			三等奖	5
			优秀奖	4
	第三十一届	创意赛道	一等奖	4
			二等奖	8
			三等奖	26
		科技竞赛	三等奖	2
	第三十届	创意赛道	一等奖	2
			二等奖	2
			三等奖	18
		科技竞赛	三等奖	1
		哲学社科类	三等奖	1
		创业大赛	铜奖	3
	第二十九届	科技大赛	三等奖	1
		创意大赛	一等奖	1
		创业大赛	铜奖	1

（四）导师制建设

导师制建设是致真书院文化建设的重要组成部分。致真书院依托经济管理学院、数学科学学院、物理学院、化学学院、空间与环境学院五大专业学院优秀师资力量，成立专门的导师建设委员会、导师联席会，制定有效的导师工作制度，建立层次多元、结构多样的导师团队和师生沟通机制，为致真书院的学生提供丰富而全面的学业、科研、生活指导，力求最大化激活致真书院学生的创造性潜力。

1. 导师制管理体系

为完善致真书院导师制队伍建设，全面开展致真书院导师制工作，2017年10月17日16时，北航学院致真书院在北航学院路校区召开学业导师系统建设研讨会（图182）。出席此次会议的有致真书院院长王惠文、致真书院执行院长闵敏、数学与系统科学学院副院长杨义川、物理科学与核能工程学院副院长黄安平、空间与环境学院副院长吕浩宇、经济与管理学院党委副书记王喜忠、数学与系统科学学院党委副书记丁丁、空间与环境学院分团委书记丁永斌等，以及致真书院专职辅导员贾子超、魏茜，学业助理丁贝贝。会议由致真书院院长王惠文主持。

图182　学业导师系统建设研究会召开中

此次会议成立了致真书院学业导师建设委员会，委员会成员由致真书院对应五个专业学院教学副院长、党委副书记以及致真书院执委会成员构成。

在讨论过程中，与会老师们对完善致真书院导师制队伍建设都充满热情和期待，认为导师体系建设应落实"以学生为中心"的人才培养理念，为学生未来的学术研究奠定坚实的基础，达到真正帮助学生增长知识、开拓视野、提升眼界的效果，使学生早日为实现成为"理想高远、学识一流、胸怀寰宇、致真唯实"的领军领导人才而奋斗。致真书院与各学院领导一致表示，一定要积极开展书院建设工作，将学业导师的工作落到实处。

最后，参会老师们就致真书院的高端论坛和学科前沿讲座的组织管理办法进行了充分交流和研讨（图 183）。老师们一致期盼致真书院与五大专业学院强强联手，更加充分地整合各学科的优质资源，组织开展各项类学术报告、专题讲座等，不断丰富致真书院的博雅教育内涵，力争向学生呈现最精彩的内容。

图 183　参会老师们积极交流和研讨

2. 导师工作会

（1）2017 年导师工作会

2017 年 11 月 19 日，致真书院首场学业导师工作启动大会在北航沙河校区国家实验室四层多功能会议厅顺利召开（图 184）。北航学院常务副院长曹庆华、致真书院院长王惠文、学业总导师曹晋滨出席了此次大会，致真书院 2017 级学业导师、致真书院全体工作人员及近百名学生代表参加了大会。此次大会由致真书院执行院长闵敏主持。

图184   致真书院首场学业导师工作启动大会召开

会议伊始，曹庆华院长为大会致辞。在致辞中，曹庆华提到了北航学院的培养方案、致真书院的育人模式以及导师制在育人模式中的关键性作用，并强调致真书院是学生的"家"。通过教学的各方合力，致真书院汇集学院督导、教学互评、集体备课等全面的管理方法，全过程、全员、全环境的思想政治教育，让学生真正收获归属感、认同感、使命感、获得感。

曹庆华还指出，导师应对学生进行思想引领、学术引导、学业指导，给予学生足够的生活关怀，帮助学生进行合理有效的生涯规划，关注学生个体的个性化发展。他希望，在未来的导学活动中，每一位学业导师既可以是学生的引路人，也能成为学生的朋友。

随后，闵敏院长讲解了致真书院建设方案。他谈道，致真书院建设方案的制订是以真正落实以学生为中心、了解学生需求、注重学生体验为基础而设计的，为此，致真书院进行了充分的调研、尝试、反馈及修订，最终将建设方案呈现在同学们面前。致真书院还将继续加强导师建设、社区建设、思想建设。

闵敏着重强调了建设方案中关于致真书院学业发展指导中心的工作理念及其所包含的工作内容，如致真研修班、学业加油站、致真领航者、致真梦工厂，真正做到全方位育人。曹庆华院长、王惠文院长和曹晋滨教授共同为学业发展指导中心授牌，并与中心负责人、专职辅导员魏茜一起合影留念。

授牌结束后，致真书院学业总导师曹晋滨对致真书院导师制工作进行了系统而全面的介绍（图185）。从导师制的起源、发展历程，到现今导师制在我国高校的实行情况，曹晋滨为参会师生普及了什么是导师教育，介绍了北航学院、致真书院的导师制组织架构，讲解了未来的导学活动应从哪些方面开展。他强调，导师制是书院制人才培养的重要举措，为从严从实从细贯彻导师制工作建设，致真书院共为460名学生配备了58名学业导师，实现了导师与学生1:8的配比。最终的导学活动学生参与率高达96.3%。

图185　曹晋滨对致真书院导师制工作进行介绍

此外，曹晋滨对即将开展的导学活动提供了在方式及内容方面的建议，对未来导学活动的效果评估提出了几点要求。曹晋滨还向参会的老师与同学们展示了导学活动可使用的场地环境，并承诺，北航学院及致真书院都会为老师和同学们提供最舒适有效的场地支持，由此可见北航对实行本科生导师制建设的支持与决心。

接下来，王惠文和曹晋滨为2017级学业导师颁发了聘书，学生代表为老师们献上具有致真书院特色的工作记事本作为支持未来导学活动开展的礼物。

来自经管学院的吴俊杰老师作为学业导师代表上台发言，呼吁老师和同学们共同努力，共同成长。2017级学生代表吴祁颖也在会上讲述了同学们对于导师制的认识，表达了同学们对于导学活动的期待。吴祁颖表示，一流的大学有一流的书院，一流的书院有一流的导师，希望在导师们的帮助下，同学们能更快地找到适合自己的大学之路。

大会进入尾声，王惠文院长为此次大会作了总结发言。王惠文首先对每一位参与导师制建设的老师与同学表示由衷感谢。同时，王惠文希望能通过导学活动的落实，进一步构建、培养学生的创新思维能力，逐步提升学生未来的科研能力及学术水平，并对研究型和亲情化的教育模式提出更高的期望。王惠文还介绍了致真书院为提高学生学习成绩而制订的"九位一体"复习计划，赞赏了16位小班长的串讲活动，期望同学们在导学活动中也能真正做到尊师重道，主动参与。

致真书院首场学业导师工作启动大会在老师和同学们的共同参与中圆满结束（图186）。

图186　致真书院首场学业导师工作启动大会会后合影

（2）2018年导师工作会

2018年9月14日，致真书院2018级学业导师工作启动大会暨导师聘任仪式在北航沙河校区主楼四层多功能会议厅顺利召开。致真书院院长王惠文、学业总导师曹晋滨出席了本次大会，致真书院 2018 级学业导师、致真书院全体工作人员及近百名书院 2018 级新生代表参加了大会。此次大会由致真书院执行院长闵敏主持。

会议伊始，闵敏院长为参会师生介绍了致真书院建设方案。致真书院以"全人培养"为核心目标，创建了博雅课程体系，通过多元配备导师、细化社区建设、完善运行机制的建设思路，营造致真书院"家文化"，初步形成"好学风、正气旋"。致真书院从零开始，一步步地探索与思考，经过一年的努力，实现了"一套学生干部，三块牌子，多项职能，一个合力"的运行管理机制，真正落实了全方位育人。

随后，致真书院学业总导师曹晋滨对致真书院导师制工作进行了系统而全面的介绍。

从导师制的起源、发展历程，到现今导师制在我国高校的实行情况，曹晋滨为参会师生普及了什么是导师教育，介绍了北航学院、致真书院的导师制组织架构，讲解了致真书院导师、学生匹配办法以及未来导学活动的开展思路。

曹晋滨特别强调，致真书院 2018 年度将推出"导读思辨计划"，旨在通过指导学生阅读文献、典籍，培养学生文献调研、归纳总结、分享讨论和演讲展示多方面的能力；并且作为学生科学研究入门的第一步，通过文献调研打开学生专业认知的窗口。通过分享对上一学年工作成效的思考，曹晋滨表示对致真书院未来导师制建设充满期待。

接下来，王惠文、曹晋滨为 2018 级学业导师颁发了聘书，学生代表为老师们献上具有致真书院特色的工作记事本作为支持未来导学活动开展的礼物（图 187）。

聘任环节过后，来自物理学院的张高龙作为本次大会学业导师代表发言（图 188）。作为 2017 级优秀学业导师，张高龙与参会老师分享了一年来的导学经验及感受。张高龙认为，多与学生接触，充分创造与学生见面的机会，才能与学生深入沟通、了解学生的真实需求。另外，对于学有余力的学生，应当引导他们参与到科研项目中，并根据学生的能力有针对性地向学生提供基础工作，让学生真正感受到学有所获。

图187　聘任环节合影

图188 物理学院张高龙代表学业导师发言

大会进入尾声，王惠文院长为此次大会作了总结发言。王惠文首先对每一位参与导师制建设的老师与同学表示由衷感谢。王惠文指出，学生来到北航学习所需要的不仅是课堂上为他们传授专业知识的老师，更是在学生遇到困难、疑惑时，能够耐心为他们提供建议的"引路人"。在致真书院迈步向前的遥远征程中，各位学业导师的加入，将使致真学院师生充满信心。王惠文还强调，导师制的具体落实，除了要有学业导师的积极投入与悉心指导外，还需要同学们主动参与、共同努力。

致真书院2018级学业导师工作启动大会暨导师聘任仪式在老师和同学们的共同参与中圆满结束（图189）。

图189 致真书院2018级学业导师工作启动大会暨导师聘任仪式会后合影

（3）2019年导师工作会

2019年2月28日上午，致真书院春季学期学业导师交流会在北航学院路校区新主楼举行。致真书院院长王惠文、学业总导师曹晋滨、20多名来自致真书院对应五所专业学院的导师代表及致真书院全体工作人员出席会议，会议由致真书院执行院长闵敏主持。

学业总导师曹晋滨带领参会老师一同回顾了致真书院2018年开展的导师制相关重点工作，并总结了2018年导学活动的开展情况。据统计，2018—2019学年秋季学期，致真书院共举办导学活动241场，一对一单独辅导累计超过200次。学生人均参与导学活动4次，累计参与近1 900人次。数据表明，学生对导学活动整体满意度高达90%以上，在导学活动频次满意度方面的提升尤为显著。同时，学生对导师工作质量及辅导水平给予了充分肯定。

图190　致真书院学业总导师曹晋滨讲话

曹晋滨还对完善致真书院2019年导学工作提出了建议和要求。他指出，导学活动要符合导学大纲的基本要求，活动次数需至少满足北航学院的要求，但要杜绝形式主义。学业导师应充分发挥自身优势及特色，依托"导读思辨"计划，打造精品化导学活动。同时，他鼓励有条件的导师支持并组织、辅导学生参加科技创新项目。

致真书院专职辅导员魏茜就书院 2018—2019 学年秋季学期学生学业情况进行了分析和简要说明。致真书院秋季学期期末考试学业预警人数仅 25 人，相较期中考试后学业预警人数有大幅度下降，说明通过构建书院学习圈、学业导师对学生学业过程进行监督，致真书院学生的学习状况得到了显著改善。另外，从专业认知教育的调查分析研究可见，学业导师这一角色对学生在专业选择方面产生了较大影响，有助于学生未来选择专业。

图 191　导师交流会

在自由讨论环节中，导师们畅所欲言，积极阐述自己的想法，分享导学经验。部分导师认为，大一的导师最重要的工作应该是注重学生的心理健康，做好学生的情绪疏导工作，解答学生在学业方面的困惑，帮助学生做好高三到大一的平稳过渡；也有导师认为，致真书院应该进一步加强对导学活动的考核工作，确保导学活动有成效。

讨论过后，王惠文院长对致真书院的"导读思辨"计划进行了解读。王惠文表示，"导读思辨"可以包含两个方向，一是鼓励导师让学生参与和导师科研领域有关的调查研究，为学生提供平台和资源；二是可以为学生推荐专业前沿的科普读物，通过举办读书分享会等形式，让学生了解前沿知识。最后，王惠文对 2018—2019 学年秋季学期开展的导学活动予以充分肯定，并对此次会议作了总结性发言。

（4）2021 年导师工作会

2021 年 9 月 18 日 9:30，致真书院 2021 级学业导师工作启动大会暨聘任仪式于北航沙河校区一站式学生社区共享空间举行。致真书院学业总导师曹晋滨、致真书院 2021 级本科生导师代表及致真书院执行团队出席了本次大会（图 192）。

图 192　致真书院 2021 级学业导师工作启动大会暨聘任仪式参会人员合影

会议以致真学院执行院长闵敏对致真书院建设方案进行介绍拉开序幕（图 193）。闵敏详细介绍了致真书院导师政策的内容与 2021 年度根据实际情况进行的部分改动、新老社区建设情况、学风建设、专业教育等方面的具体建设计划。

图 193　致真学院执行院长闵敏介绍书院建设方案

随后，致真学院学业总导师曹晋滨对致真书院导师制工作进行了详尽的介绍（图194）。他在对本科生导师概况的讲解中普及了本科生导师的由来，分析了这一制度的优势；细致讲解了导师工作的内容，在导师开展导学活动的形式与内容方面提供了建议；介绍了对于导学活动场地支持方面的情况，并且表示对导师的工作寄予殷切期望。与此同时，曹晋滨提出了对导师工作的要求及完成方式；讲解了导师系统的使用方法；强调老师们应及时查看导师系统，对学生的申请提供反馈。

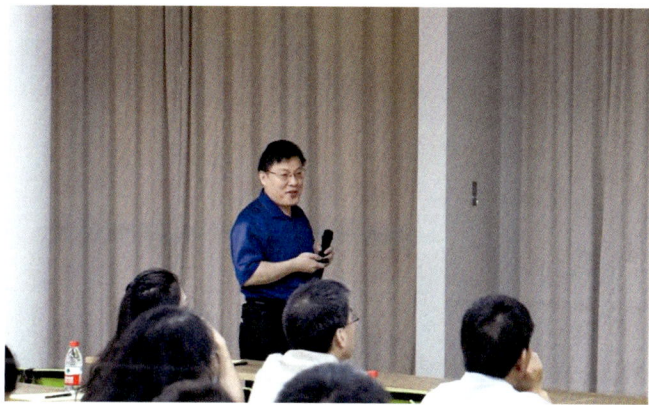

图194 致真学院学业总导师曹晋滨介绍书院导师制工作

会议最后，数学科学学院魏光美进行了导师经验分享，深度介绍了导学活动进行的流程，提出了充分了解学生、帮助学生了解学校、及时与学生进行阶段性总结、关注学生身心健康等有效帮助学生的方法（图195）。其他与会导师也积极提出了自身对于工作的建议与困惑，导师们以交流讨论的方式对问题进行了解答。

致真书院2021级学业导师工作启动大会暨聘任仪式在每一位导师的积极参与下圆满结束（图196）。

3. 导师会客厅

为助力学生成长成才，充分展示导师对学生全方位、全过程、多元化的精准指导，帮助师生领会导师制在助力卓越人才全面发展中的领航、护航作用，致真书院精心打造"导师会客厅"，为学生开展形式多样的导学活动（图197）。

图 195   数学科学学院魏光美进行导师经验分享

图 196   致真学院 2021 级学业导师工作启动大会暨聘任仪式圆满结束

图 197 "导师会客厅"活动

2017 年秋季学期，致真书院推出学业导师"科研提升计划"，旨在通过"走进实验室"等模式，引导学生积极开展读书活动、科学研究、科技创新和社会实践活动，支持并指导学生参与大学生创新创业训练计划、"冯如杯"竞赛、"挑战杯"全国大学生课外学术科技作品竞赛、学科竞赛等科技创新、竞赛项目。致真书院有意识地培养和提升学生的人文素养、文献和信息检索能力、社会实践能力和科研创新能力，并且鼓励有条件的导师带领学生参与科研课题及科研项目的研发工作。

2018 年秋季学期，致真书院增加了学业导师"导读思辨计划"，旨在通过"导学读书分享会"等模式，指导学生阅读书籍，培养学生阅读理解、归纳总结、分享讨论和演讲展示的能力，同时也可通过生涯辅导、文献调研等形式打开学生专业认知的窗口。

"导读思辨计划"要求学生在学期末完成学习成果汇报。秋季学期结束前，每名学生需提交一份导学活动感想，由导学小组组长统一收齐、整理，并提交至致真书院存档。春季学期结束前，每名学生需提交一份文献综述或读书笔记作为参与"导读思辨计划"的最终学习成果，并在组内进行汇报演示，展示一学年的学习心得及成果（图 198）。学业导师根据每一名同学的文献综述/读书笔记内容及汇报演示，的实际表现，形成对导学小组内每名同学的成长记录。

图198　学生进行"导读思辨"小组展示

"导师会客厅"促进了导师与学生之间的交流，解决了学生学习、科研以及生活等方面的问题，让学生对专业方向的选择有更明确的目标，对人生职业规划有更清晰的认知。与此同时，"导师会客厅"也逐渐成为连接学生和老师的重要桥梁，促进着师生之间互相了解。

2017—2018学年，致真书院聘任学业导师59人，累计开展导学活动702次；2018—2019学年，聘任学业导师69人，累计开展导学活动1 036次；2019—2020学年，聘任学业导师66人，累计开展导学活动1 033次；2020—2021学年，聘任学业导师73人，累计开展导学活动930次；2021—2022学年，聘任学业导师64人，累计开展导学活动1 095次。

图199　魏光美老师带领学生畅游校园

4. 学生感受

孙老师对我们的学习和生活一直都比较关心。只要他来沙河，都会提前告知我们，询问我们是否有时间，可以一起讨论最近的学习情况和心理状态。每次聚会时，我们所反映的问题，老师都尽可能地予以解答。第一学期，我们普遍反映化学课程难度大，老师讲得太快，孙老师建议我们多互相帮助，可以小组内部串讲，并且向致真书院反映了我们的问题。紧张的学习下，孙老师能理解我们的一些迷茫与焦虑。在元旦放假的时候，老师邀请我们去他家吃饭。我们和老师一起包饺子，和师母一起做菜，大家畅所欲言，彻底打开了心扉，把孙老师当成我们的知心朋友。这样一种亦师亦友的关系，让我们导师组洋溢着一种家的氛围。在下学期，老师开始引导我们了解他的研究——人工智能。老师把一本入门的书推荐给我们，我们每两个星期讨论一章，讨论自己的收获。也是因为有前期的积淀，在"大创"的通知下来后，我们能从书中得到灵感，迅速想出 idea（点子），并通过答辩，拿到经费。这是孙老师在科研上为我们打开了大门，并将我们领进去，去探索。孙老师在我们大一这一年扮演着重要的角色，让我们收获了太多太多，可以说，孙老师是我们大学的引路人！

——致真书院 2017 级学生

进入大学以来，书院令我最受感动的两个制度便是学业导师计划和梦拓计划。如果说梦拓计划是给予我们最贴切、最接地气的关怀与指引的话，学业导师计划便是一种"高大上"的学习指导。书院邀请各学科的"大咖"教授来做大一新生的导师。这是真的吗？记得刚开始知道这种设置的时候，简直让我难以置信，太不可思议了。导师计划采取双选制，作为新生的我们可以选择自己心仪的导师，实在受宠若惊。我选择的是在军训时便给了我深刻印象的於益群教授，也极其幸运地得到老师认可，并指定我作为导学小组组长，当然，当时的我，有一丝忐忑，却更带着希望，决心要对得起老师的期望和组员们的信任。在一次次的导学活动中，我们时而就学习方法展开热烈讨论，时而对学习生活习惯自我检讨并寻求改进，收获到的有来自导师对大学学习方法与生活作息的指导；有导师在学术论文的格式方法方面的教导；更有导师对我们的关怀与督促。可以说，学业导师计划是书院给学生们的大福利，毫无疑问，将使我们受益终身。

——致真书院 2018 级学生

北航的导学活动形式，不同于朋辈间的梦拓小组，也不同于导员或任课教师的辅导、授课。它更像是一位富有经验又和蔼可亲的老师、长辈，耐心热情、细心温柔地带领大一刚刚入学的我们真正认识学术，享受大学学习生活。

——致真书院 2019 级学生

能够和身处于学科前沿的老师交流，从而加深对环境工程领域的认识，还初步接触了相应的科研工作，对之后的专业选择也有很大的帮助；借助老师的帮助，认识了高年级的学长学姐，不仅能够了解短期内的学习方向，还认识到了与优秀前辈的差距，也是学习的动力；有了老师、学长学姐们的指导，确确实实能少走许多弯路，而且还从中了解到了许多新东西。

——致真书院 2020 级学生

附 录

一、历届学生荣誉

（一）致真榜样

1. 2019 年"致真榜样"

致远行舟之星：万　诗　张天辰

修怀为公之星：吴祁颖

志诣云汉之星：张福国

愫锦亲行之星：李熹明　解煜彬

墨雅御匠之星：韩铖霖　肖蓓琳

勤健善工之星：胡心韵

砥砺奋进之星：张凯杰

和衷明理之星：依克巴力·吾买尔

自强求真之星：师　曜

同心协契之星：知医万毕实践队

致真奖章：李可馨　鲍宗博

2. 2021 年"致真榜样"

致远行舟之星：张浩文

修怀为公之星：徐婧雨　谢纪帆　李轩宇　刘朋举

志诣云汉之星：王泽安　王赵安

愫锦亲行之星：刘泽睿　于禄洋

墨雅御匠之星：刘志慧　卢嘉霖

勤健善工之星：刘曦羽　李　浩

砥砺奋进之星：李　洋　徐瑞瑶

和衷明理之星：阿不都外力　张　凯

自强求真之星：丁肇钰　李美微

同心协契之星：203 宿舍　197714 班

致真奖章：幸天驰　庄俊杰

3. 2022 年"致真榜样"

致远行舟之星：丁天仪　王晗祺　王天欣

修怀为公之星：赵芮箐　范依涵

志诣云汉之星：姜大和

愫锦亲行之星：唐琳惠　王梓源

墨雅御匠之星：石婧怡

和衷明理之星：李婧恩

自强求真之星：杨超群

同心协契之星：207718 小班

致真奖章：温　心　蔡云帆

4. 2023 年"致真榜样"

致远行舟之星：梁毅轩　王菲帆

修怀为公之星：孙浩铭　李涵廷　徐一鸣

志诣云汉之星：杜坤阳

愫锦亲行之星：樊珂宇　王嘉慧

墨雅御匠之星：白清玄

和衷明理之星：谭袁宁至

勤健善工之星：曹博桓

自强求真之星：经亚森

同心协契之星：217724 小班　致真书院足球队

致真奖章：侯　潇　武晨旭

（二）年度优秀学生干部及三好学生

1. 2017—2018 学年优秀学生干部

任建馨　黄昆仑　董时微　潘俊卿　凌翔天　王　力　王东羽　马海鑫
李凯伦　龚佳麒　胡子康　王璐荧　马　群　韩铖霖　刘　洋　张欣怡
刘松毅　于瑞雪　王宁境　张童鑫　宋　劼　乔　瑞

2. 2017—2018 学年三好学生

李安淇　温锦辉　林清昊　贾云逸　赵汶鑫　杨天任　朱之翰　杨启明
李澄海　庄雅迪　窦振兴　范代磊　刘元一　卞　亚　李佳磊　胡心韵
谢思芃　王思远　樊昇达　方楚喻　陶　熠　祁凌志　李春晖　张宇鹏
康雨晨　严　宇　方昊宇　熊世炀　喻舜尧　张汕成　蓝戈远　程钰华
张　睿　钟景元　王雨露　邓源瀚　魏东乾　刘明岩　段秋阳　廖　珅
万　诗　曹屹楠　刘敬椿　张舟驰　殷博文　孙伟泽　漆兴业

3. 2018—2019 学年优秀学生干部

朱轶颖　庞　正　闫波彤　马海升　钟　锐　许襄晋　石含清　张　旭
李　洋　吴金健　饶双智　刘泽睿　赵一博　王瑛琪　刘婧涵　刘靖怡
卢建仪　朱正一　王　婷　幸天驰　于皖晶　罗舜晖　阿不都外力·热合满
陈盟正　傅佳伟　李雨樵　刘雷轶男　刘远霞　牛庆萱　王雪峰　王玉华
赵伯洋　周世元

4. 2018—2019 学年三好学生

荣　婉　王　闯　贾政隆　谢纪帆　刘永凯　王悦晗　徐婧雨　李修凡
李国铭　张安业　李晓涵　高佳瑞　王思澄　李文桥　丁肇钰　彭海洋
罗亦璋　王元翔　蒋博文　李雨露　江　岚　张浩文　张浩远　沈知萌
蒋语然　丁明锐　李　非　王　超　张挽犁　王子榕　王浩宇　王延泽
张博文　徐千惠　陈宏宇　白逸飞　曾木思　陈月苗　李　欣　李　璇
李雨淙　李卓然　马清媛　毛诗雨　汪顺超　闫纪卓　于　江　袁新海
蔡晓亿　方翌佳　岳　帅

5. 2019—2020 学年优秀学生干部

徐嘉浩　王馨浩　徐逸伦　丁琰淇　郭慧珍　于禄洋　张　凯　张益铭

米　赟　刘洪晔　李忠昆　张文翔　董言嶔　贾文斌　张舒怡　陈心语
刘朋举　李浩源　王志雄　谭婷婷　刘静琪　刘子谦　邹强波　方骏扬

6. 2019—2020 学年三好学生

夏唯一　黄三津　樊　城　张汗青　邱靖懿　徐红柚　窦嘉祺　庄俊杰
孙乾祐　谭雅婧　李美微　温雅迪　陶昊源　董子赫　涂婧宜　王　舵
何　熙　许嘉璐　李　浩　许雨炫　宋禹欣　王荔嘉　张博洋　王卓雅
赵　伟　司万鹏　李轩宇　牛亦婷　齐苑苑　李汶锶　任杰宇　曹思涵
王临寒　蔡可玮　李世博　高　旺

7. 2020—2021 学年优秀学生干部

呼文凯　王　旭　马子腾　张　禹　冉超月　仲天一　章荣康　张嘉轩
吴佳俊　朱典琪　李　瑶　赵芮箐　刘蔚文沛　陈佳怡　王梦真　张福康
王晓情　刘园园　吴　昊　李宇婷　王佳蕊　王梓硕　孙静涵　吴方达
王子赫

8. 2020—2021 学年三好学生

王晗祺　郭雨欣　马　远　孙裕涵　虞家洲　刘源康　张思宇　赵晟浩
曾旖昕　王清枫　朱鸣迪　孙乐瑶　赵静晗　李沛阳　唐琳惠　郭芝伊
窦学礼　刘家祥　六　赛　丁天仪　邱骏坤　姜羽瞳　张志扬　温　心
王梓源　崔　阳　范依涵　蔡云帆　王冠雄　钱　进　朱兆冲　王　程
张镕麒　宋鸿儒　杨超群

（三）标兵团支部及优秀团支部

1. 校级标兵团支部
187727 支部　187711 支部　197720 支部　207717 支部　217714 支部

2. 校级优秀团支部
187724 支部　187726 支部　187720 支部
197714 支部　197715 支部　197720 支部　197722 支部　197725 支部
207717 支部　207712 支部　207720 支部　207723 支部
217714 支部　217715 支部　217717 支部　217724 支部

二、学生合影

致真书院 2017 级学生合影

致真书院 2018 级学生合影

致真书院 2019 级学生合影

致真书院 2020 级学生合影

致真书院 2021 级学生合影